# 실전
# 비즈니스
# 일본어
# 회화

**김정미** 지음

중급

**제이엔씨**
*Publishing Company*

## 머 리 말

　대학에서 「비즈니스 일본어」 강의를 시작한 지도 20여 년이 넘는다. 4년제 대학에서 이처럼 실용적인 과목을 개설한 것은 실무 능력을 겸비한, 준비된 인재를 기업에 보내야 한다는 생각을 했기 때문이다. 해마다 다양한 분야의 회사에 들어가 실무에 직면한 졸업생들로부터, 4년 동안 배운 일본어 중에서 회사 업무에 결정적인 도움이 된 강의였다면서 후배들에게도 비즈니스 일본어의 중요성을 알리고 열심히 하라고 조언하겠다는 말도 덧붙였다.

　그러나 필자 자신은 이 강의를 하면서 해마다 뭔가 부족함에 꽉 차 있었다. 무엇보다 아쉬웠던 것은 비즈니스 현장에서 곧 바로 적용할 수 있는 전문서적이 없었다는 점이었다. 비즈니스 현장에서 일어날 수 있는 다양한 상황들을 미리 접해보고, 또 한국인과 일본인과의 커뮤니케이션에서 언어적인 요소가 아닌, 사고 방식의 차이로 인하여 발생할 수 있는 다양한 상황들을 이해하고, 사전 학습할 수 있다면 좀더 원활한 파트너십을 유지할 수 있으리라 생각했다. 그러나 시중에 출간된 많은 비즈니스 일본어 관련 서적들은 지극히 단편적인 회화표현에 중점을 두거나, 현장의 다양한 전개 상황과는 동떨어진 내용이 대부분이었다. 물론 이러한 내용이라도 배우지 않는 것보다는 배우는 것이 훨씬 낫겠지만, 현장에서 요구하는 다양한 회화 능력을 키우면서도, 비즈니스 성사 능력도 함께 키울 수 있는 전문서적이 있다면 더할 나위 없이 좋을 것이라는 생각을 오랫동안 해왔다. 이러한 생각이 점차 구체화되면서, 제대로 된 책을 써야겠다고 마음먹었고, 그 결실로 이 책이 출간되었다.

필자는 국내의 대기업 및 중소기업에서 비즈니스 일본어를 강의한 적이 있다. 그때 사원들 가운데는 대일 업무수행에서 필요로 하는 정도의 일본어는 능숙하게 구사할 수 있는 실력을 갖춘 사람들이 많이 있었다. 그러나 일본인의 사고방식, 문화적 이질감, 정서적 구조에 대해서는 의외로 이해하지 못하는 사람들이 많이 있었다. 그리고 그것이 대일 업무 수행과 무슨 관련이 있느냐고 반문하는 사람들도 있었다. 비즈니스는 기업과 기업 간의 관계이기에 앞서, 사람과 사람의 관계에서 출발하는 타협과 협상의 결과물이다. 언어 소통 이전에 그 나라와 그 나라 사람을 이해하는 것이 우선되어야 한다고 생각한다.

본서는 대학 강단과 각 기업체에서 각각 미래와 현재의 실무진에게 비즈니스 일본어를 가르치면서 터득한 다양한 결실의 산물이 수록되어 있다. 비즈니스 실무 능력을 최대한 향상시키는 것은 물론, 정서나 사고방식의 차이에서 오는 행동양식을 상황별로 나누어 잘못된 점을 세밀히 분석하고, 바로잡아 주는 내용을 담고 있다. 상황별로 전개되는 모든 내용은 실제 현장에서 있었던 내용을 토대로 하였으며, 전개 상황은 언제, 누구에게나 있을 법한 보편적인 내용을 담고 있다. 따라서 본서의 내용을 숙지한다면, 일본인과의 비즈니스는 다른 어떤 경우보다도 성공적인 출발이 될 것이라고 확신한다.

일본어 출판 시장의 어려움 속에서도 제이앤씨에서 흔쾌히 출판에 동의해 주시고, 이런저런 까다로운 필자의 요구를 너그럽게 수용하며, 꼼꼼히 작업해 준 덕분에 좋은 책으로 독자를 만날 수 있었던 것 같다.

2018년 저자

차 례

## 이 책의 특징과 구성

### 이 책에는

　영어 서적만큼은 아니지만, 비즈니스 일본어 책도 다양한 종류가 있다. 이것이 좋을까 저것이 좋을까 고민하고 있을 때, 제일 먼저 눈길이 가는 것은 책 제목과 저자 그리고 차례일 것이다. 그리고 차례만으로는 책의 다양한 정보를 얻을 수 없어 내용을 꼼꼼히 살피게 된다. 그러나 한정된 시간에, 그것도 서서 필요한 책의 내용을 살피기란 그리 쉬운 일이 아니다. 이 란은 책의 내용을 콤팩트하게 압축한 길라잡이로서, 본서의 내용과 특징을 궁금해 하는 독자들에게 보다 쉽고 빠르게 선택할 수 있도록 도와줄 것이다.

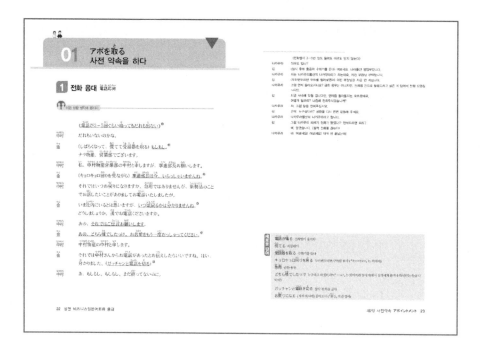

### 현장감이 그대로 살아있는 생생한 회화

　먼저 이 책은 비즈니스 현장에서 보편적으로 전개되는 내용을 중점적으로 다루고 있다. 비일상적이며 교과서식의 상투적 표현보다는, 현장감이 그대로 살아있는 생생한 회화를 익힐 수 있다. 독자들이 처한 상황은 저마다 다르다 해도, 보편적인 상황을 다루고 있기 때문에 다양한 응용이 가능하도록 구성되어 있다. 또한 친구나 가까운 지인과의 관계가 아닌 비즈니스상의 교제이기 때문에, 정서적 차이에서 오는 경어를 비롯한 특별한 표현에도 중점을 두었다. 이러한 내용을 담은 본서는 크게 다음 네 가지로 구성되어 있다.

## 이런 상황 생각해 봅시다

한국인은 한일 양국이 한자 문화권이고, 상하의 위계질서가 확실하며, 예의를 중요시하고, 피부색도 같아서 양국이 정서나 사고방식이 비슷할 것이라고 생각한다. 때문에 비즈니스에서도 한국 방식대로 판단하여 처신하는 경우가 많이 있다. 그러나 이로 인하여 업무 수행이나 교제시 결정적인 실수를 할 때가 종종 발생한다. 여기서는 한국인이 범하기 쉬운 실수의 다양한 양상과 상황을 세밀하게 살펴본다.

## Business Tip

「이런 상황 생각해 봅시다」에서 전개된 다양한 오용례나 정서, 사고방식의 차이에서 오는 잘못된 점을 정확히 분석하고 클리닉한다. 이러한 과정을 통하여 능숙한 일본어 구사는 물론이며, 성공적인 업무수행에 필요한 다양한 요소들을 자연스럽게 체득하게 된다.

## 비즈니스 기본 표현

상황에 따른 능숙한 일본어 구사 능력은 탄탄한 기초 실력 위에 다져진다. 보다 세련된 일본어를 구사하고, 상대를 납득시켜 계약 성사로 이어지게 할 수 있는 실력도 기초가 다져져야 가능한 일이다. 여기서는 다양한 상황에 대처하는 기본 실력 다지기를 위한 코너이다. 기본이 튼튼하면 단어를 바꾸거나, 좀더 적합한 표현으로 얼마든지 응용이 가능하다. 무엇보다도 사용빈도가 높은 표현을 골라 다양한 단어를 조합시켜 기초 실력을 보다 탄탄히 다지게 된다.

## 실전 회화 연습

「비즈니스 기본 표현」을 통해 기초를 탄탄히 다져 놓은 다음에는 자신의 실력을 한 단계 업그레이드 시켜야 한다. 보다 다양하고 생생한 현장의 표현에 익숙해질 필요가 있다. 일본어 구사 능력의 폭을 보다 넓히고, 상황에 적합한 완벽한 표현을 익히기에 더할 나위 없이 필요한 코너이다.

# 제1장

# 비즈니스에서의 경어

비즈니스란 사람과 사람의 관계에서 출발하는 타협과 협상의 연속이라고 할 수 있다. 업무 서류가 오가고, 계약서를 주고받고, 상품을 발송하고 인수하지만, 결국 상호 간의 신뢰가 가장 중요하게 작용하는 것이 비즈니스이다.

그러면 이러한 중요한 관계의 성립과 신뢰유지를 어떻게 해 나가야 할 것인가? 출발점이 되는 것은 다름 아닌 거래처와의 원활한 커뮤니케이션이다. 특히 한·일간의 비즈니스의 경우 전화를 걸거나, 협의를 하거나, 상품설명회를 할 때, 그리고 계약을 성사시키기까지 상대와의 원활한 커뮤니케이션은 빠뜨릴 수 없는 중요한 요소이다.

이때 상황에 적합하고, 명확하며, 예의 바른 경어를 구사하여 상대방에게 호감을 갖게 하는 것은 비즈니스맨이 기본적으로 갖추어야 할 매너이다. 예의 바른 언행이 발전하여 신뢰가 구축되면 결국 비즈니스를 성공적으로 이끌어 가는 밑거름이 되기 때문이다. 아무리 우수한 제품을 제조한 회사라 하더라도, 그 상품을 거래처에 소개하는 사원의 매너에 어긋난 언행과 무지로 인해 거래처에 부정적인 인상을 심어준다면 회사로서는 엄청난 손해를 입게 되는 것이다.

상대방을 배려하고, 겸손하면서도 상황에 맞는 교양 있고 정중한 경어표현을 올바르게 구사하는 비즈니스맨이야말로 치열한 경쟁사회에서 최후의 승리자가 될 것이다.

## 1 존경어 尊敬語 상대방이나 제삼자를 높이는 말로서 행위나 사물에도 사용한다.

::: 접두어 「お」, 「ご」, 「御」을 사용하여 표현하는 경우

❀ 「お」 + 和語

お手紙 편지　　お帰り 귀가　　お客さん 손님　　お名前 성함　　お宅 댁
お世話 신세　　お返事 대답

❀ 「ご」 + 漢語

ご参考 참고　　ご連絡 연락　　ご安心 안심　　ご多忙中 바쁘신 와중
ご意見 의견　　ご希望 희망　　ご利用 이용

❀ 예외

• 漢語인데 「お」를 붙인 경우

お道具 도구　　お砂糖 설탕　　お天気 날씨　　お電話 전화　　お料理 요리
お食事 식사　　お約束 약속

• 和語인데 「ご」를 붙인 경우

ごもっとも 지당함　ご馳走 성찬　ご存じ 아심　　ごゆっくり 천천히
ご一緒 함께　　ご都合 사정　ご遠慮 사양　　ご無沙汰 무소식

❀ 「御」

御社 귀사　　　御地 귀사의 지역　御中 귀중(수신처가 부서나 단체일 경우)

❀ 미화어

お茶 차　　　お金 돈　　　お酒 술　　　お肉 고기　　　お皿 접시
お水 물

貴社 귀사     来週、貴社に参ります。 다음 주 귀사로 찾아뵙겠습니다.

貴社の製品は品質がよいです。 귀사 제품은 품질이 좋습니다.

貴殿 귀하     貴殿のお名前を教えてください。 귀하의 성함을 알려주세요.

契約金は貴殿の口座に入金しました。

계약금은 귀하의 계좌로 입금했습니다.

貴校 귀교     貴校のご発展をお祈りいたします。 귀교의 발전을 빌겠습니다.

今後とも貴校との交流を続けたいです。

앞으로도 귀교와의 교류를 계속하고 싶습니다.

貴方 귀하     貴方はいつ日本語を学びましたか。

당신은 언제 일본어를 배웠습니까?

貴方のご意見を聞かせてください。 당신의 의견을 들려주십시오.

貴店 귀점     貴店のご開店おめでとうございます。 귀점의 개점을 축하드립니다.

貴店との取引を開始いたします。 귀점과의 거래를 개시합니다.

貴行 귀 은행     貴行は東京の何区にありますか。

귀 은행은 도쿄 무슨 구에 있습니까?

貴行のLA支店もありますか。 귀 은행의 LA지점도 있습니까?

::: 수동형 「れる」, 「られる」를 사용하여 표현하는 경우 ▼

来る → 来られる     韓国にはいつ来られますか。

오다   오시다     한국에는 언제 오십니까?

する → される     会議には出席されますか。

하다   하시다     회의에는 출석하십니까?

行く → 行かれる     来週アメリカへ行かれますか。

가다   가시다     다음 주 미국에 가십니까?

飲のむ → 飲のまれる　　お酒さけはよく飲のまれますか。
마시다　　드시다　　술은 자주 드십니까?

止やめる → 止やめられる　　タバコは止やめられましたか。
그만두다　　그만두시다　　담배는 끊으셨습니까?
끊다　　끊으시다

帰かえる → 帰かえられる　　山村やまむらさんは帰かえられましたか。
귀가하다　　귀가하시다　　야마무라 씨는 귀가하셨습니까?

---

::: 「お+ ます형 + になる」를 사용하여 표현하는 경우 ▼

戻もどる → お戻もどりになる　　課長かちょうはいつお戻もどりになりますか。
돌아오다　　돌아오시다　　과장님은 언제 돌아오십니까?

読よむ → お読よみになる　　課長かちょう、新聞しんぶんお読よみになりますか。
읽다　　읽으시다　　과장님, 신문 읽으시겠습니까?

帰かえる → お帰かえりになる　　部長ぶちょうはいつお帰かえりになりますか。
돌아오다　　돌아오시다　　부장님은 언제 돌아오십니까?
돌아가다　　돌아가시다

飲のむ → お飲のみになる　　今朝けさ何なにをお飲のみになりましたか。
마시다　　드시다　　오늘 아침 무엇을 드셨습니까?

着つく → お着つきになる　　何時なんじにお着つきになりますか。
도착하다　　도착하시다　　몇 시에 도착하십니까?

乗のる → お乗のりになる　　上野駅うえのえきで電車でんしゃにお乗のりになってください。
타다　　타시다　　우에노 역에서 전철을 타십시오.

送おくる → お送おくりになる　　メールはいつお送おくりになりましたか。
보내다　　보내시다　　메일은 언제 보내셨습니까?

使つかう → お使つかいになる　　このケータイは韓国かんこくでお使つかいになってもけっこうです。
사용하다　　사용하시다　　이 휴대폰은 한국에서 사용하셔도 좋습니다.

けんきゅう　　　　けんきゅう
研究する → 研究なさる　　どのようなテーマを研究なさいますか。
연구하다　　　　연구하시다　　어떤 테마를 연구하십니까?

しゅっせき　　　しゅっせき　　　かいぎ　　　しゅっせき
出席する → 出席なさる　　会議には出席なさいますか。
출석하다　　　　출석하시다　　회의에는 출석하십니까?

さんか　　　　さんか　　　　しゅうかい　　さんか
参加する → 参加なさる　　集会には参加なさいますか。
참가하다　　　　참가하시다　　집회에는 참가하십니까?

りょうり　　　りょうり　　　　いえ　　　　　りょうり
料理する → 料理なさる　　家ではときどき料理なさいますか。
요리하다　　　　요리하시다　　집에서는 때때로 요리하십니까?

がいしゅつ　　　がいしゅつ　　　にちようび　　がいしゅつ
外出する → 外出なさる　　日曜日にも外出なさいますね。
외출하다　　　　외출하시다　　일요일에도 외출하시네요.

---

**이런 표현은 주의!**

**1. 천한 말에는 경어를 쓰지 않는다.**

더럽다　　　　　　　きたな
　　　　　　　　　　汚い（○）
　　　　　　　　　　きたな
　　　　　　　　　　お汚い（×）

남의 눈을 속이는 모양　ごまか　　　　ようす
　　　　　　　　　　誤魔化される様子（○）
　　　　　　　　　　ごまか　　　　　ようす
　　　　　　　　　　誤魔化されるご様子（×）

시끄럽다　　　　　　やかましい（○）
　　　　　　　　　　おやかましい（×）

**2. 「お＋形容詞・ナ形容詞」는 남성어로는 적합하지 않다.**
　　　　さむ　　　　わか　　　　　なつ　　　　　しず
　　　お寒い　　お若い　　お懐かしい　　お静かな　　おにぎやかな

**3. 이중경어(二重敬語)는 쓰지 않는다.**

무엇을 드시겠습니까?　なに　　め　あ
　　　　　　　　　　何をお召し上がりになりますか。（○）
　　　　　　　　　　なに　　め　あ
　　　　　　　　　　何をお召し上がりになられますか。（×）

| | | |
|---|---|---|
| 꼭 이것을 보여드리고 싶어서요. | ぜひこれをお目にかけたくて。（○） | |
| | ぜひこれをお目におかけたくて。（×） | |
| 품질에 대해 말씀하시고 계십니다. | 品質についておっしゃられています。（○） | |
| | 品質についておっしゃられております。（×） | |

**4. 관습적으로 경어를 쓰지 않는 말도 있다.**

| | | |
|---|---|---|
| 양복 | 背広（○） | お背広（×） |
| 뺨 | 頬（○） | お頬（×） |
| 동생 분 | 弟さん（○） | お弟さん（×） |
| 조카 분 | 甥さん（○） | お甥さん（×） |
| 아드님 | 息子さん（○） | お息子さん（×） |

## 2 겸양어 謙譲語  자신을 낮춤으로서 상대를 높이는 말이다.

### 「お + ます형 + する」를 사용하여 표현하는 경우

| | | |
|---|---|---|
| 読む | → お読みする | 契約の内容をお読みします。 |
| 읽다 | （삼가）읽다 | 계약내용을 읽겠습니다. |
| 書く | → お書きする | ここにお書きしてもよろしいですか。 |
| 쓰다 | （삼가）쓰다 | 여기에 써도 되겠습니까? |
| 教える | → お教えする | A高校でお教えしたことがあります。 |
| 가르치다 | 가르치다 | A고교에서 가르친 적이 있습니다. |

### 「いたす」를 사용하여 표현하는 경우

| | | |
|---|---|---|
| する | → いたす | こちらからお電話いたします。 |
| 하다 | 하다 | 제 쪽에서 전화하겠습니다. |
| 参加する | → 参加いたす | 私はぜひ参加いたします。 |
| 참가하다 | 참가하다 | 저는 꼭 참가하겠습니다. |

連絡する → 連絡いたす
연락하다　　연락드리다

こちらからご連絡いたします。
제 쪽에서 연락드리겠습니다.

作成する → 作成いたす
작성하다　　작성하다

見積書は当社で作成いたします。
견적서는 당사에서 작성하겠습니다.

案内する → 案内いたす
안내하다　　안내해드리다

ソウル市内をご案内いたします。
서울시내를 안내해드리겠습니다.

約束する → 約束いたす
약속하다　　약속드리다

期日は必ず守ることをお約束いたします。
기일은 반드시 지킬 것을 약속드립니다.

::: 「させていただく」를 사용하여 표현하는 경우 ▼

案内する → ご案内させていただく
안내하다　　안내해드리다

営業部へご案内させていただきます。
영업부로 안내해드리겠습니다.

自己紹介をする 자기소개를 하다
→ 自己紹介をさせていただく
자기소개를 해올리다

これから自己紹介をさせていただきます。
지금부터 제 소개를 해올리겠습니다.

聞く → 聞かせていただく
묻다　　여쭙다

一つ聞かせていただいてもよろしいですか。
한 가지 여쭈어봐도 될까요?

休む → 休ませていただく
쉬다　　(삼가)쉬다

体の具合いがよくないので休ませていただきます。
몸이 좋지 않아서 쉬겠습니다.

拝見する → 拝見させていただく
보다　　(삼가)보다

ちょっときっぷを拝見させていただきます。
잠시 표를 보겠습니다.(검표하겠습니다)

聴講する → 聴講させていただく
청강하다　　(삼가)청강하다

先生の授業を聴講させていただきたいですが。
선생님의 수업을 청강했으면 하는데요.

失礼 → 失礼させていただく
この辺で失礼させていただきます。
이쯤에서 실례하겠습니다.

やる → やらせていただく
この仕事は私にやらせていただきたいですが。
이일은 제가 했으면 하는데요.

## 3 정중어 丁寧語(ていねいご) 상대방에게 예의를 지켜 공손하고 점잖게 표현하는 교양 있는 말이다.

### ⋮⋮⋮ 「です」, 「ます」를 사용하여 표현하는 경우 ▼

行(い)く → 行(い)きます バスに乗(の)って学校(がっこう)へ行(い)きます。
가다 　　　 갑니다 　　　　버스를 타고 학교에 갑니다.

暑(あつ)い → 暑(あつ)いです 今日(きょう)はとても暑(あつ)いですね。
덥다 　　　 덥습니다 　　　오늘은 매우 덥군요.

にぎやかだ → にぎやかです この辺(あた)りはにぎやかですね。
번화하다 　　 번화합니다 　　이 주변은 번화하군요.

### ⋮⋮⋮ 「でございる」를 사용하여 표현하는 경우 ▼

だ・である → でございる 三井物産(みついぶっさん)でございます。
~이다 　　　 ~이옵니다 　　미쓰이 물산입니다.

そうだ → さようでございる さようでございますか。
그렇다 　 그렇사옵니다 　　　그렇사옵니까?

ありがたい → ありがとうございます いろいろとありがとうございます。
고맙다 　　　 고맙습니다 　　　　　여러모로 감사합니다.

静(しず)かだ → 静(しず)かでございる この辺(あた)りは静(しず)かでございますね。
조용하다 　　　 조용합니다 　　　　이 주변은 조용하군요.

| 보통어 | | 존경어 | 겸양어 |
|---|---|---|---|
| 行く | 가다 | いらっしゃる・おいでになる | 参る |
| 来る | 오다 | いらっしゃる・おいでになる<br>お見えになる・お越しになる | 参る |
| いる | 있다 | いらっしゃる・おいでになる | おる |
| 言う | 말하다 | おっしゃる | 申す |
| する | 하다 | なさる・あそばす | 致す |
| やる | 주다 | 上げる・差し上げる | |
| くれる | 주다 | くださる | |
| 飲む | 마시다 | めしあがる・上がる | いただく |
| 食べる | 먹다 | めしあがる・上がる | いただく |
| 着る | 입다 | お召しになる | |
| 寝る | 자다 | | お休みになる |
| 聞く | 듣다 | | 承る |
| 聞く・尋ねる | 묻다 | | 伺う |
| もらう | 받다 | | いただく |
| 知っている | 알고 있다 | ご存じだ | 存じておる |
| 思う | 생각하다 | | 存じる |
| 見る | 보다 | ご覧になる | 拝見する |
| 見せる | 보이다 | | お目に入れる<br>ご覧に入れる |
| 知らせる | 알리다 | | お耳に入れる |
| 会う | 만나다 | | お目にかかる |
| 死ぬ | 죽다 | お亡くなりになる | 亡くなる |
| ある | 있다 | | ござる |
| 分かる | 알다 | | 承知する・かしこまる |
| 借りる | 빌리다 | | 拝借する |

# 종신 고용제(終身雇用制)

종신 고용제는 기업이 신규 사원을 정규직으로 채용하여 특별한 사정이 없는 한 정년까지 고용하는 관행으로 일본의 대기업, 관공서 등에서 널리 시행되어 왔다. 이 제도는 직종을 세분화하여 정하지 않는 채용, 폭넓은 교육 훈련, 현장에서의 다양한 기능을 가진 전문인, 광범위한 배치전환, 임원 직위와 자격의 상승, 그리고 정년을 보장한다는 내용의 고용관리를 포함하고 있다.

일찍이 종신 고용이 '사원은 정년까지 해고되지 않아 안심하고 일할 수 있고, 또 회사에 대한 충성심도 생긴다'는 평가를 받아온 시기도 있었다. 근로자가 해고당하지 않고, 한 번 들어 온 회사에서 열심히 일하기 때문에 기업도 순조롭게 계획을 실행할 수 있었고, 그 결과 기업이 급성장을 이룩할 수 있었던 것이다. 일본이 전후 수 십 년 만에 급격한 경제성장의 부흥을 달성한 커다란 이유 중의 하나가 '종신 고용·연공 서열'의 일본식 경영 방식 때문이라는 사람도 있다.

그러나 엔화 강세 파동과 장기간의 경기침체를 겪으면서, 조기 퇴직, 전직, 전문가 계약사원 파트타임, 파견 근로자 채용 등 종래의 관행과는 다른, 서구식 성과주의 기업이 대두하고, 전문적 능력을 가진 인재의 수요가 높아져, 1990년대 이래 '고용의 유동화'가 진행되고 있다.

그러나 기업들이 본격적으로 도입한 서구식 성과주의는 오히려 사원의 사기를 저하시키고, 조직을 와해시키는 등 부작용이 많았다. 실제로 전체 기업의 85%가 성과주의를 도입해서 실행했지만, 완벽한 서구식 성과주의를 생산현장에서 실시 중인 기업은 1%에 불과한 것으로 조사됐다.

또 최근 일본능률협회가 개최한 인사제도 평가회에서 성과주의는 일본기업에 뿌리내리지 못한 것으로 나타났다. 일본근로자는 전통적으로 돈이나 지위보다는 '보람'을 찾기 위해 열심히 일했는데, 성과주의를 도입한 후 '일할 의욕'을 꺾는 사례가 많았다는 평가다.

따라서 최근에는 서구식 성과주의가 아닌 일본식 성과주의 제도가 주목을 받고 있다. 캐논에서 실행하는 성과주의와 종신 고용을 양대 축으로 하는 '실적 종신주의'가 대표적 성공사례로 꼽히고 있다. 2001년 연공 서열제를 버리고 '목표 관리제도'를 도입한 캐논은 직급을 폐지하는 대신, 일의 성과에 따라 연봉을 결정하는 방식을 채택했다. 실적에 따라 평가하되, 철저하게 종신고용을 지키겠다고 약속해 사원들의 불안감을 없앴다. 또 세계 2위의 자동차 메이커인 도요타 자동차도 철저히 종신 고용제를 지키고 있다.

참조 한경신문 2004. 06. 16 기사
http://www.sky-net.or.jp

# 도요타 자동차(豊田自動車)

도요타 자동차의 창업주 도요타 에이지는 1937년 '도요타 자동직기 제작소'에서 분리 독립하여 '도요타 자동차공업(주)'을 발족했다. 그런데 도요타가 초기에 판매한 트럭은 고장이 너무 잦아 '감사(監査) 개량부'라는 조직을 만드는 계기가 되었다. 탄탄한 품질을 내세우는 도요타 자동차의 트레이드마크가 바로 여기에서 출발한 셈이다. 또 도요타 최초의 자동차 연구소는 운전사 숙소에 방 한 칸을 얻어 만들어졌고, 심지어 공장을 먼저 세워 놓고 적당한 부품회사를 찾아다니기도 했을 뿐만 아니라, 일감이 없어 부업으로 도자기점까지 차리기도 했다. 또 부도 일보 직전에 몰려 은행명령으로 생산과 판매법인을 분리했고, 대규모 감원에 따른 노사분규로 문을 닫을 지경에도 처했다.

하지만 '마른 수건이라도 지혜를 짜내면 물이 나온다'고 강조했듯이 남들보다 한 치 더 기울인 노력과, 끝없는 실패 경험을 거울삼아 '시류를 앞지르라'는 경영철학을 바탕으로 세계적인 기업으로 우뚝 섰다. 노사문제에서도 1950년 심각한 재정 위기에 처해 직원을 25% 감축하자, 노조는 거세게 반발했다. 결국 75일간의 격렬한 노사분규를 겪은 끝에, 노사는 회사의 감원조치를 받아들였다. 이후 회사는 재정적으로 견실해야 고용안정도 가능하다는 중요한 결론을 얻어, 노사분규 이후 50여 년 간의 무분규를 유지하게 되었다. 그것이 가능했던 이유는 노사 상호간의 신뢰와 존중이 밑바탕에 깔려 있었기 때문이다. 또 가장 주목할 만한 것은 도요타의 생산 시스템이다. 이것은 TPS(Toyota production System)라고 하는 것인데 최근 삼성, LG 등 국내 유수의 기업들이 도요타를 방문 견학하여 벤치마킹하는 대상이 되고 있다. 그 시스템의 핵심은 가이젠(改善)으로, 자원의 낭비요소를 줄여 차량의 제조비용을 낮추는 방법이다. 또 JIT(Just in Time) 시스템은 협력업체와의 부품 재고량을 제로에 가깝게 유지하는 것으로 '필요한 것을, 필요한 때에, 필요한 만큼'이라는 뜻으로 협력업체와의 유기적인 협조를 최대한으로 잘 이루게 하는 시스템이다.

이와 같은 독특한 생산방식을 채택한 도요타는 제품설계에서 생산과 판매에 이르는 시간을 줄이는 리드 타임제를 실시하고 있으며, 생산현장에 한정하지 않고 모든 부서에서 현장을 완벽하게 공개하고 있다. 또한 항상 문제를 눈에 보이는 형태로 나타내, 확실한 원인을 밝혀 낸 후, 잘못된 점을 개선해 왔으며, 문제가 해결되면 관리의 수준을 높여 지속 반복적으로 실천해 갔다. 이러한 도요타만의 독특한 경영방침과 시스템은 도요타를 세계적인 기업으로 지속 가능하게 한 가장 큰 요소라고 할 수 있다.

참조 『도요타 에이지의 결단』, 도요타 에이지 저, 굿모닝북스
　　 http://kin.naver.com
　　 http://www.toyota.jp
　　 『現代用語の基礎知識』自由国民社

# 제2장

# 사전약속 アポイントメント

**전화를 걸 때**

- 자신의 회사, 부서, 성명 순으로 명확히 말한다.
- 인사말을 잊지 않는다. (例: いつもお世話になっております 또는 この前はどうもありがとうございました)
- 상대가 부재중이어서 통화를 못했을 때는 자기 쪽에서 다시 한번 전화를 한다. (call back 요청은 가능하면 삼가 하는 것이 좋다)
- 상대가 전화를 끊는 것을 확인한 뒤 수화기를 내려놓는다.

**전화를 받을 때**

- 전화벨이 3번 울리기 전에 받는다.
- 수화기를 들면 동시에 「はい、～物産 ～部でございます」라고 한다.
- 인사말을 잊지 않는다.
- 중요한 사항에 대해서는 확인 복창한다.
- 상대가 전화를 끊는 것을 확인한 뒤 수화기를 내려놓는다.

# アポを取る
# 사전 약속을 하다

## 1 전화 응대 電話応対

《電話が3～5回ぐらい鳴ってもだれも出ない》❶

中村 だれもいないのかな。

金 (しばらくなって、慌てて受話器を取る) もしもし。❷
ナラ物産、営業部でございます。

中村 私、中村物産営業部の中村と申しますが、李進部長お願いします。

金 (キョロキョロ回りを見ながら) 李進部長は今、いらっしゃいませんね。❸

中村 それではいつお戻りになりますか。急用ではありませんが、新製品のこと
でお話したいことがありましてお電話いたしましたが。

金 いま社内にいるとは思いますが、いつ頃戻るかは分かりませんね。❹
どうしましょうか。後でお電話くださいますか。

中村 あの、それではご伝言お願いします。

金 あの、どちら様でしたっけ。お名前をもう一度おっしゃってください。❺

中村 中村物産の中村と申します。

金 それでは中村さんからお電話があったとお伝えしたらいいですね。はい、
分かりました。(ガッチャンと電話を切る)❻

中村 あ、もしもし。もしもし。まだ終ってないのに。

《전화벨이 3~5번 정도 울려도 아무도 받지 않는다》

나카무라    아무도 없나?

김    (잠시 후에 황급히 수화기를 든다) 여보세요. 나라물산 영업부입니다.

나카무라    저는 나카무라물산의 나카무라라고 하는데요. 이진 부장님 부탁합니다.

김    (두리번두리번 주위를 둘러보면서) 이진 부장님은 지금 안 계십니다.

나카무라    그럼 언제 돌아오시나요? 급한 용무는 아니지만, 신제품 건으로 말씀드리고 싶은 게 있어서 전화 드렸습니다만.

김    지금 사내에 있을 겁니다만, 언제쯤 돌아올지는 모르겠네요.
어떻게 할까요? 나중에 전화주시겠습니까?

나카무라    저, 그럼 말씀 전해주십시오.

김    근데, 누구셨더라? 성함을 다시 한번 말씀해 주세요.

나카무라    나카무라물산의 나카무라라고 합니다.

김    그럼 나카무라 씨에게 전화가 왔었다고 전해드리면 되죠?
예, 알겠습니다. (찰칵 전화를 끊는다)

나카무라    아, 여보세요! 여보세요! 아직 안 끝났는데!

---

**새로운 단어**

電話が鳴る 전화벨이 울리다

慌てる 허둥대다

受話器を取る 수화기를 들다

キョロキョロ回りを見る 두리번두리번 주위를 보다 (「キョロキョロ」는 의태어)

急用 급한 용무

どちら様でしたっけ 누구라고 하셨더라? (「~っけ」는 잊어버린 일에 대해서 상대에게 묻거나 확인하는 뜻을 나타냄)

ガッチャンと電話を切る 찰칵 전화를 끊다

お戻りになる (자리·회사에) 돌아오다 (「戻る」의 존경어)

❶ 전화벨은 세 번 울리기 전에 받아야 한다. 부득이하게 세 번 이상 울리고나서 받을 때는 반드시 「お待たせいたしました(기다리시게 했습니다.)」라고 말해야 한다.

❷ 회사 전화를 받을 때는 「もしもし」가 아닌 「はい」라고 해야 한다.

❸ 상대방이 찾는 사람이 자리에 없을 때는 「いません」, 「見えません」, 「いらっしゃいません」 등의 표현 대신, 「ただいま席を外しております(지금 자리에 없습니다.)」라고 말하고, 언제쯤 돌아오는지 알려주면 좋다. 또 전화를 건 상대방은 「部長」라고 하는 것이 경어법에 맞지만, 자사의 사람을 외부인에게 말할 때는 「部長の李進」이라고 한다. 또 아무리 자신보다 직급이 위인 경우에도 외부사람에게는 낮추는 것이 예의이므로 「部長の李進はいまおりません」이라고 해야지, 「部長はいまいらっしゃいません」이라고 하면 경어법에 어긋난다.

❹ 사적인 일이 아닌 공적인 일, 예를 들면 회의, 접객 중이라면 구체적으로 언제쯤 자리에 돌아올지 알려주는 것도 좋다. 다만 개인적인 용무, 예를 들면 휴식이나 화장실, 잠시 외출 등은 구체적으로 알려주는 것은 오히려 실례가 된다.

❺ 상대방이 자신의 이름을 밝혔을 때 확인을 위해 다시 한번 이름을 **복창하는 것이 좋다.** 나중에 메모 등을 남길 때 다시 이름을 물으면 실례가 되기 때문이다.

❻ 전화를 거는 경우에도 받는 경우에도 자신의 용건이 끝났다고 해서 곧바로 전화를 끊어버리는 것은 예의에 어긋난다. 상대가 전화를 끊는 것을 확인한 후 수화기를 내려 놓는다.

## Expression

### 「電話」와 관련된 표현

|  |  |
|---|---|
| 전화를 받다 | 電話に出る・電話をもらう・電話を受ける |
| 전화를 걸다 | 電話をかける・電話をする・電話を入れる |
| 전화를 끊다 | 電話を切る |
| 전화가 끊기다 | 電話が切れる |
| 전화를 바꾸다 | 電話を代る |
| 장난 전화 | いたずら電話 |
| 잘못 걸린 전화 | 間違い電話 |
| 자동응답 전화 | 留守番電話 |
| 국제 전화 | 国際電話 |

▶ 비즈니스 기본 표현

1 あいにく部長の三上はただいま席を外しておりまして、10分後には戻ると思います。

| 部長の長島 | 会議中で | 30分後 |
|---|---|---|
| 社長 | 出張中で | 来週月曜日 |

마침  미카미 부장님은 지금      자리를 비워,       10분 후에는 돌아올 겁니다.
      나가시마 부장님         회의 중으로       30분 후
      사장님               출장 중으로       다음 주 월요일

2 三上が戻り次第、こちらから折り返しお電話するよう伝えましょうか。

社長が帰国し次第

結果が分かり次第

미카미가 돌아오는 대로 이쪽에서 회답 전화를 하도록 전해드릴까요?
사장님이 귀국하는 대로
결과를 아는 대로

3 今外回り中ですので、ケータイのほうにお願いしたいですが。

| 取引先 | FAX |
|---|---|
| 出張中 | ホテル |

지금  외근 중이라서,        핸드폰으로 부탁드리고 싶은데요.
      거래처              팩스
      출장                호텔

4 それでは念のためお電話番号をお願いします。

ご住所

居場所

그럼 만약을 위해      전화번호를 부탁합니다.
                 주소
                 있는 곳

《電話が2回鳴る》

河島　はい、三上物産、営業部の河島でございます。

李　いつもお世話になっております。私サムスン商社輸入部の李と申しますが、三上部長いらっしゃいますでしょうか。

河島　あ、サムスン商社の李様でいらっしゃいますね。こちらこそいつもお世話になっております。あいにく部長の三上はただいま席を外しておりまして、10分後には戻ると思いますが。三上が戻り次第、こちらから折り返しお電話するよう伝えましょうか。

李　今外回り中ですので、ケータイのほうにお願いしたいんですが。

河島　そうですか。それでは念のためお電話番号をお願いします。

李　はい、010 - 622 - 6223です。

河島　010 - 622 - 6223ですね。はい、分かりました。

　　　そのように伝えます。私は同じ課の河島と申します。

李　あ、河島さんですね。それではよろしくお願いいたします。

　　　では、失礼します。

河島　はい、失礼いたします。

......

《전화벨이 두 번 울린다》

가시마　예, 미카미물산 영업부의 가시마입니다.

이　늘 신세가 많습니다. 전 삼성상사 수입부의 이라고 하는데요, 미카미 부장님 계십니까?

가시마　아, 삼성상사의 이 씨이시군요. 저희야말로 늘 신세가 많습니다.
마침 미카미 부장님은 지금 자리를 비웠습니다만, 10분 후에는 돌아올 겁니다. 미카미가 돌아오는 대로 이쪽에서 회답전화 하도록 전해드릴까요?

이　지금 외근 중이라서 핸드폰으로 전화 주셨으면 하는데요.

가시마　그러세요? 그럼 만약을 위해 전화번호를 부탁드립니다.

이　예, 010-622-6223입니다.

가시마　010-622-6223이군요. 예, 알겠습니다. 그렇게 전하겠습니다. 저는 같은 과의 가시마라고 합니다.

이　아, 가시마 씨세요? 그럼 잘 부탁합니다. 그럼 끊겠습니다.

가시마　예, 끊겠습니다.

商社 상사 (한국에서는 「商社」, 일본에서는 「商事」)

いつもお世話になっております 늘 신세지고 있습니다 (상투적인 인사말)

〜様でいらっしゃいますね 〜씨이시군요 (「〜様ですね」 보다 존경어)

こちらこそ 저야말로 (뒤에 「お世話になっております」가 생략)

席を外しておる 자리를 비우다

折り返し電話 회답 전화

外回り中 외근 중

ケータイ(電話) 핸드폰

念のため 만약을 위해

戻り次第 돌아오는 대로

失礼します 끊겠습니다 (원래는 「실례하겠습니다」라는 의미지만, 전화상에서는 「이만 끊겠다」라는 의미로 쓰임)

---

## Expression

### 「〜次第」의 용법

▶ 명사에 붙어서 '〜하는 대로', '〜에 따라', '〜나름'의 의미로 쓰이는 경우

望み次第 원하기 나름　　行くか行かないかはあなたの望み次第です。
갈지 말지는 당신이 원하기 나름입니다.

腕次第 기량에 달림　　大会での優勝はあなたの腕次第です。
대회에서의 우승은 당신의 기량에 달려 있습니다.

天気次第 날씨에 따라　　作物の出来具合いはこの夏の天気次第です。
작물의 작황 상황은 올 여름의 날씨에 달렸습니다.

金次第 돈 나름　　人生の成功は金次第ではないです。
인생의 성공은 돈에 달려 있는 것은 아닙니다.

▶ 동사에 붙어서 '〜하는 즉시', '〜하자마자'의 의미로 쓰이는 경우

帰り次第 돌아오는 즉시　　社長が帰り次第、連絡いたします。
사장님이 돌아오는 즉시 연락 드리겠습니다.

終り次第 끝나자마자　　会議が終り次第、こちらからお電話いたします。
회의가 끝나는 즉시 이쪽에서 전화 드리겠습니다.

入り次第 입수되는 대로　　資料が手に入り次第、報告するつもりです。
자료가 입수되는 대로 보고할 생각입니다.

▶ 비즈니스 기본 표현

**1** お電話番号間違えておられますね。こちらは三井商事でございます。
　　お時間　　　　　　　　　　　会議は3時
　　約束の場所　　　　　　　　上野駅の2番出口

전화번호　　　잘못 알고 계시는군요.　　　여기는 미쓰이상사입니다.
시간　　　　　　　　　　　　　　　　　　　　회의는 3시
약속 장소　　　　　　　　　　　　　　　　우에노 역 2번 출구


**2** ソウル商社の金様でいらっしゃいますね。いつもお世話になっております。
　　野村証券の島田様
　　大和物産の岡部様

서울상사의 김 씨군요.　　　　　　　　　　　늘 신세가 많습니다.
노무라 증권의 시마다 씨
다이와 물산의 오카베 씨


**3** すぐおつなぎいたしますので、少々お待ちくださいませ。
　　　お送りいたしますので
　　　直しますので

곤　연결해드리겠사오니 잠시만 기다려 주십시오
　　송부해 드리겠사오니
　　시정하겠사오니


**4** それにお土産にいただいた本場のキムチは大変おいしかったです。
　　　　　　　　　　　伝統のお人形　　　すばらしかったです。
　　　　　　　　　　　宇治茶　　　　　　おいしかったです。

게다가 선물로 받은　　　　　본고장의 김치는 정말　　맛있었습니다.
　　　　　　　　　　　　　　　전통 인형　　　　　　　멋있었습니다.
　　　　　　　　　　　　　　　우지차　　　　　　　　맛있었습니다.

**5** キムチがお口に合ってよかったですね。

**サイズがあって**

**安く買えて**

김치가 입에 맞으셔서        다행입니다.
사이즈가 있어서
싸게 살 수 있어서


**6** 今度市販の予定である新製品のサンプルをご覧いただきたいということです。

**漢方化粧品**

**部品のカタログ**

이번 시판 예정인        신제품 샘플을       봐주셨으면 하는 겁니다.
                한방화장품
                부품 카달로그


**7** 来週あたりは何とか都合がつくと思いますが。

**今週の週末**

**木曜日あたり**

다음 주쯤은     어떻게 시간이 날 것 같습니다만.
금주 주말
목요일쯤

| | |
|---|---|
| 三井<br><sub>みつい</sub> | はい、三井商事販売部でございます。 |
| 金<br><sub>キム</sub> | ミシマ商事じゃありませんか。 |
| 三井<br><sub>みつい</sub> | お電話番号間違えておられますね。こちらは三井商事でございます。 |
| 金<br><sub>キム</sub> | どうもすみませんでした。（電話をかけ直す） |
| 森<br><sub>もり</sub> | はい、ミシマ商事輸入部でございます。 |
| 金<br><sub>キム</sub> | 私、ソウル商社輸入部の金と申しますが、泉部長お願いしたいですが。 |
| 森<br><sub>もり</sub> | あ、ソウル商社の金様でいらっしゃいますね。いつもお世話になっております。すぐおつなぎいたしますので、少々お待ちくださいませ。<br><br>部長、ソウル商社の金様からお電話です。 |
| 泉<br><sub>いずみ</sub> | はい、お電話代りました。泉でございます。 |
| 金<br><sub>キム</sub> | 泉部長、ソウル商社の金です。いつもお世話になっております。 |
| 泉<br><sub>いずみ</sub> | あ、金さん!こちらこそお世話さまです。<br><br>韓国訪問の際はいろいろとありがとうございました。それにお土産にいただいた本場のキムチは大変おいしかったですよ。 |
| 金<br><sub>キム</sub> | キムチがお口に合ってよかったですね。<br><br>ところで、今日お電話した用件は、今度市販の予定である新製品のサンプルをご覧いただきたいということです。近いうちに一度御社へお伺いしたいですが、ご都合はいかがですか。 |
| 泉<br><sub>いずみ</sub> | そうですね。来週あたりは何とか都合がつくと思いますが。 |
| 金<br><sub>キム</sub> | そうですか、それでは来週のいつ頃がよろしいですか。 |
| 泉<br><sub>いずみ</sub> | 火曜日の午後2時頃ならあいていますが。 |
| 金<br><sub>キム</sub> | そうですか。それでは来週火曜日の午後2時頃伺わせていただきます。<br><br>その際新製品開発の担当者と一緒に参りたいのですが、よろしいですか。 |

| 泉 | はい、いいですよ。 |
|---|---|
| 金 | それではよろしくお願いいたします。 |
| 泉 | それじゃ、失礼します。 |
| 金 | はい、失礼いたします。 |

........................................................................

| 미쓰이 | 예, 미쓰이 상사 판매부입니다. |
|---|---|
| 김 | 미시마 상사 아닌가요? |
| 미쓰이 | 전화번호 잘못 알고 계시는군요. 여기는 미쓰이상사입니다. |
| 김 | 대단히 죄송합니다. (전화를 다시 건다) |
| 모리 | 예, 미시마상사 수입부입니다. |
| 김 | 전 서울상사 수입부의 김이라고 합니다. 이즈미 부장님 부탁드립니다. |
| 모리 | 아, 서울상사의 김 씨이시군요. 늘 신세지고 있습니다. 곧 연결해 드리겠으니 잠시 기다려주세요. 부장님, 서울상사의 김 씨 전화입니다. |
| 이즈미 | 예, 전화 바꿨습니다. 이즈미입니다. |
| 김 | 이즈미 부장님, 서울상사의 김입니다. 늘 신세가 많습니다. |
| 이즈미 | 아, 김 씨! 저야말로 신세 많이 지고 있지요. 한국 방문 때는 여러모로 감사했습니다. 게다가 선물로 받은 본고장의 김치는 정말 맛있었습니다. |
| 김 | 김치가 입에 맞으셔서 다행입니다. 그런데, 오늘 전화 드린 용건은 이번 시판 예정인 신제품 샘플을 봐주셨으면 하는 겁니다. 가까운 시일 내에 한번 회사로 찾아가 뵐까 하는데 사정이 어떠세요? |
| 이즈미 | 글쎄요, 다음 주쯤은 어찌 시간이 날 것 같은데요. |
| 김 | 그러세요? 그럼 다음 주 언제쯤이 좋으십니까? |
| 이즈미 | 화요일 오후 2시경이라면 비어 있는데요. |
| 김 | 그러세요. 그러면 다음 주 화요일 오후 2시경 찾아 뵙겠습니다. 그때 신제품 개발 담당자와 함께 가려고 하는데, 괜찮으세요? |
| 이즈미 | 예, 괜찮습니다. |
| 김 | 그럼, 잘 부탁합니다. |
| 이즈미 | 그럼 끊겠습니다. |
| 김 | 예, 끊겠습니다. |

**새로운 단어**

間違えておられる 잘못 알고 계시다 (「おられる」는 「いる」의 존경어)

おつなぎいたします 연결하겠습니다 (お+つなぐ+いたす)

お電話代りました 전화 바꿨습니다

訪問の際 방문 때

ご覧いただきたい 봐주셨으면 한다

本場のキムチ 본 고장의 김치

お伺いしたい 찾아뵙고자 하다 (「伺う」의 겸양어)

都合がつく 형편이 되다, 사정이 괜찮다

お口に合う (음식 등이) 입에 맞으시다

御社 귀사 (상대방의 회사를 높인 말)

近いうちに 가까운 시일 내에

ご都合はいかがですか。 사정(형편)이 괜찮으십니까?

伺わせていただきます 찾아뵙도록 하겠습니다

▶ 통화하고자 하는 사람을 부탁할 때(전화를 하는 쪽)

1 三上課長いらっしゃいますか。 미카미 과장님 계십니까?

2 川島社長お願いできますか。 가와시마 사장님 부탁할까요?

3 村田部長お願いしたいですが。 무라타 부장님 부탁하는데요.

4 営業担当者お願いできますでしょうか。 영업담당자를 좀 부탁드릴 수 있겠는지요?

▶ 지명인이 부재중일 때(전화를 받는 쪽)

1 課長の三上はただいま席を外しておりまして、10分後には戻ると思いますが。

　　미카미 과장님은 지금 자리를 비워, 10분 후에는 돌아올 것 같습니다만.

2 部長の山田はただいま会議中でございまして、一時間後には終ると思います。

　　야마다 부장님은 지금 회의 중인데, 1시간 후에는 끝날 겁니다.

3 課長の永谷はあいにく休みを取っておりまして、水曜日に出社する予定ですが。

　　나가타니 과장님은 마침 휴가를 가서, 수요일에 출근할 예정입니다만.

4 社長はあいにく海外出張中で、来週の木曜日に帰国する予定ですが。

　　사장님은 마침 해외 출장 중이어서, 다음주 목요일에 귀국하실 예정입니다만.

5 部長の泉はただいま、ほかの電話に出ておりますが。

　　이즈미 부장님은 지금 다른 전화를 받고 있는데요.

6 担当の者はあいにく外回り中でございまして、今日会社には戻らないと思いますが。

　　담당자는 마침 외근 중이어서, 오늘은 회사에 돌아오지 않을 겁니다.

7 係長の田中はちょうど来客中でございまして、今はおつなぎできませんが。

　　다나카 계장님은 마침 접객 중이어서, 지금은 연결이 안 되는데요.

▶ 상대의 전화가 잘 들리지 않을 때

1 申し訳ございませんが、お電話がすこし遠いようですが。

　　죄송합니다만, 전화가 좀 먼 것 같군요.

2 お電話の調子がよくないようですね。

　　전화의 상태가 좋지 않은 것 같군요.

3 お電話が混線してちょっと聞き取れないのですが。

　　전화가 혼선되어 잘 들리지 않는군요.

4 たいへん申し訳ございませんが、もう一度おかけ直しください。

　　대단히 죄송하지만, 다시 걸어주시기 바랍니다.

주의 상대의 목소리가 작아서 들리지 않는 경우에도 「もうすこし大きい声で話してください」 등의 직접적인 표현을 피하고, 전화상태가 좋지 않다는 식으로 우회적으로 얘기하는 것이 좋다.

《メーモ用紙を見て先方に電話をかける》

金　いつもお世話になっております。セナ物産の金でございます。午前中にお電話くださったそうですね。実は三日前から風邪気味で熱が39度まで上がって大変でした。今朝もまだ熱もあるし、咳もひどくて休もうかと思いましたが、サラリーマンって悲しいですね。休みたくても休めないし。❶

松本　今は大丈夫ですか。お大事に。

　　　ところで、新製品の開発件は順調に進んでますか。

金　はぁ、新製品っておっしゃると。

松本　先月、金さんがおっしゃいましたね。

　　　確か、今月の中旬ごろ新製品が出る予定だと。

金　あ、そのことですか。それがあの　ちょっと　最近忙しくて、そっちの方はまだチェックしておりません。❷

　　　でもあまり心配しないでください。もう完成の段階ですから。❸

松本　（ちょっとあきれて）担当者に確かめてみたんですか。

金　いいえ、そこまでは。でもまあ、大丈夫ですよ。ご心配なさらないでください。

松本　そうあいまいにおっしゃると困りますね。今度は期日を守ってくれるようにぜひお願いします。それから今日まで共同企画の最終の報告書を送ってもらう予定ですね。今すぐメールでお願いします。

金　あの、それがまだ。

　　　あの今週の金曜日に、報告書を持ってそちらへ伺う予定ですが。❹

松本　金曜日ですか。それはちょっと困りますね。あいにく金曜日からは出張で

すが。

<ruby>金<rt>きむ</rt></ruby>　　　　あ、そうですか。それではいつがいいかな。

---

《메모 용지를 보고 상대방에게 전화를 건다》

김　　　늘 신세가 많습니다. 세나물산의 김입니다.
　　　　오전 중에 전화 주셨더군요. 실은, 삼일 전부터 감기 기운이 있어 열이 39도까지 올라가서 힘들었습니다.
　　　　오늘 아침에도 아직 열도 있고, 기침도 심하고 해서 쉴까 생각했지만, 셀러리맨이란 서글프네요. 쉬고 싶
　　　　어도 쉴 수도 없고.

마쓰모토　지금은 괜찮으세요? 부디 몸조심하세요.
　　　　그런데, 신제품 개발 건은 순조롭게 진행되고 있지요?

김　　　예? 신제품이라 하시면?

마쓰모토　지난 달 김 씨가 말씀하셨죠. 분명히 이번 달 중순경에 신제품이 나올 예정이라고.

김　　　아, 그 일 말씀이군요. 그게, 저, 좀 요즘 바빠서 그쪽은 아직 체크 못했습니다.
　　　　그렇지만 너무 걱정마세요. 벌써 완성 단계니까.

마쓰모토　(다소 어이가 없어서) 담당자에게 확인해 봤나요?

김　　　아뇨, 거기까지는. 그렇지만 괜찮습니다. 걱정하지 마세요.

마쓰모토　그렇게 애매하게 말씀하시면 곤란합니다. 이번엔 기일을 지켜 주시도록 꼭 부탁드립니다.
　　　　그리고 오늘까지 공동기획 최종 보고서를 보내주실 예정이셨죠?
　　　　지금 곧 메일로 부탁드립니다.

김　　　저, 그게 아직. 저, 금주 금요일에 보고서를 가지고 그쪽으로 찾아뵐 예정입니다만.

마쓰모토　금요일이요? 그건 좀 곤란한데요. 공교롭게 금요일부터 출장이라서요.

김　　　아, 그러세요? 그럼 언제가 좋을까?

---

**새로운 단어**

<ruby>先方<rt>せんぽう</rt></ruby> 상대방

<ruby>咳<rt>せき</rt></ruby>もひどい 기침도 심하다

<ruby>風邪気味<rt>かぜぎみ</rt></ruby> 감기 기운

サラリーマン 셀러리 맨

<ruby>順調<rt>じゅんちょう</rt></ruby>に<ruby>進<rt>すす</rt></ruby>む 순조롭게 진행되다

あいまいだ 애매하다

<ruby>何<rt>なに</rt></ruby>よりだ 무엇보다 중요하다

<ruby>三日前<rt>みっかまえ</rt></ruby> 3일 전

お<ruby>大事<rt>だいじ</rt></ruby>に 부디 몸조심하세요

<ruby>今朝<rt>けさ</rt></ruby> 오늘 아침

<ruby>休<rt>やす</rt></ruby>めない 쉴 수 없다

<ruby>確<rt>たし</rt></ruby>かめてみる 확인해 보다

<ruby>期日<rt>きじつ</rt></ruby>を<ruby>守<rt>まも</rt></ruby>ってくれる 기일을 지켜주다

❶ 부재중에 걸려온 전화에 대해 회답 전화를 할 때, 사적인 이야기를 장황하게 늘어놓는 것은 오히려 실례가 된다.

❷ 거래처와 사전에 약속된 일은 늘 메모 등을 통해서 숙지해 두어, 약속을 잊어버리는 일이 없도록 하며, 상대방과의 약속은 반드시 기일을 지키도록 한다.

❸ 확인되지 않은 사실에 대해서 추측하여 말하지 말고, **확인 후 명확히 얘기한다.**

❹ **방문 약속의 경우는 반드시 상대방의 편리한 시간에 맞추도록 한다.** 자신의 편리한 시간을 먼저 말하거나, 상대방이 자신의 시간에 맞추어 주었으면 하는 식의 태도는 결례가 되므로 피해야 한다.

---

**Expression**

▶ 상대방의 전화를 제때 받지 못한 것에 대한 사과

1 先ほどは大変失礼しました。ちょうど会議中でございまして。
   좀 전엔 대단히 실례했습니다. 마침 회의 중이어서요.

2 先ほどはお電話に出られなくて、大変申し訳ございませんでした。ちょうど
   来客中でしたので。
   좀 전엔 전화를 받지 못해 대단히 죄송했습니다. 마침 접객 중이어서요.

3 先週お電話下さったそうですね。あいにく海外出張中で、今日出社いたし
   ました。 지난주 전화를 주셨더군요. 공교롭게도 해외 출장 중이었는데, 오늘 회사에 출근했습니다.

▶ 회답 전화를 부탁하고자 할 때

1 部長がお帰りになりましたら、こちらのほうにお電話くださるようお伝えください。
   부장님이 오시면 이쪽으로 전화 달라고 전해주십시오.

2 会議が終られましたら、至急お電話いただきたいんですが。
   회의가 끝나시면 속히 전화 주셨으면 하는데요.

3 席にお戻りになりましたら、日本電気の中村のほうにお電話くださいと伝え
   てください。 자리에 돌아오시면 일본전기의 나카무라에게 전화 달라고 전해주십시오.

4 課長が戻られたら、折り返しお電話くださるようお伝えできますか。
   과장님이 돌아오시면, 회답 전화 달라고 전해주실 수 있는지요?

▶ 비즈니스 기본 표현

**1** お電話代りました。松本です。
李見海
朴進熙

전화 바꾸었습니다.　　　마쓰모토입니다.
이 견해
박 진희

**2** その時はちょうど会議中でしたので、大変申し訳ございませんでした。
来客中
外回り中

그때는 마침　　　회의 중이라서　　　　　　　　　　　　대단히 죄송했습니다.
접객 중
외근 중

**3** 実はあの件で御社へ伺ってお話したいですが、ご都合はいかがでしょうか。
営業所　　　ご相談
工場　　　ご説明

실은 그 건으로　　귀사로 찾아뵙고　　말씀드리고 싶은데,　　사정이 어떠세요?
영업소　　　상담드리고
공장　　　설명드리고

**4** その日なら午前中がいいですが。
3時以後
いつでも

그 날이라면　　오전 중이 좋은데요.
3시 이후
언제든지

**5** それでは、十月十七日の午前11時頃伺ってよろしいですか。

午前10時

明日のお昼

그러면　　10월 17일 오전 11시경에　　찾아봬도 괜찮으십니까?

오전 10시

내일 점심

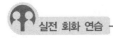 실전 회화 연습 ────────────────────────

松本　お電話代りました。松本です。

金　セナ物産の金でございます。先ほどお電話くださったそうですね。

　　その時はちょうど会議中でしたので、大変申し訳ございませんでした。

松本　いいえ。どういたしまして。あの共同企画の件はうまく進んでいますか。

金　実はあの件で御社へ伺ってお話したいですが、ご都合はいかがでしょうか。

松本　そうですね、今月の中旬頃ならあいてます。

　　十五日から二十日の間なら大丈夫です。

金　でしたら、十七日の金曜日はどうですか。

松本　十七日ですか。その日なら午前中がいいですが。

金　それでは、十月十七日の午前11時頃伺ってよろしいですか。

松本　はい、けっこうです。ではお待ちしております。

----------------------------------------

마쓰모토　전화 바꿨습니다. 마쓰모토입니다.

김　세나물산의 김입니다. 좀 전에 전화 주셨더군요. 그때 마침 회의 중이라서, 대단히 죄송합니다.

마쓰모토　아뇨, 별 말씀을.
　　저, 공동기획 건은 잘 되어 갑니까?

김　실은 그 건으로 귀사로 찾아뵙고 말씀드리고 싶은데, 사정이 어떠세요?

마쓰모토　글쎄요, 이번 달 중순경이라면 비어 있습니다.
　　15일에서 20일 사이라면 괜찮습니다.

| 김 | 그러시면 17일 금요일은 어떠세요? |
|---|---|
| 마쓰모토 | 17일이요? 그 날이라면 오전 중이 좋은데요. |
| 김 | 그럼 10월 17일 오전 11시경에 찾아뵈도 좋을까요? |
| 마쓰모토 | 예, 좋습니다. 그럼 기다리고 있겠습니다. |

**새로운 단어**

先<sup>さき</sup>ほどお電話<sup>でんわ</sup>くださったそうですね 조금 전에 전화 주셨더군요.

うまく進<sup>すす</sup>んでいる 잘 진행 되고 있다

ちょうど会議中<sup>かいぎちゅう</sup> 마침 회의 중

お話<sup>はなし</sup>したい 말씀드리고 싶다

午前中<sup>ごぜんちゅう</sup>はあいている 오전은 비어 있다

けっこうです 괜찮습니다

▶ 비즈니스 기본 표현

**1** お電話お待ちしておりました。
お返事
ご連絡

전화　　기다리고 있었습니다.
회답
연락


**2** その際、見積書も一緒に持って来てほしいんですが。
領収書
企画書

그때　　견적서도 함께 가지고 오셨으면 하는데요.
영수증
기획서


**3** 今のところ商品の売れ行きが目立つほどよいです。
新製品の反応
問屋での注文

현재　　상품의 판매 상황이　　눈에 띌 정도로 좋습니다.
　　　　신제품의 반응
　　　　도매상에서의 주문


**4** これはひとえに丸紅が大変頑張った結果だと思います。
開発チーム
皆様

이건 모두　　마루베니(상사)가 굉장히 열심히 해주신 결과입니다.
　　　　　　개발 팀
　　　　　　여러분

**5** 詳しいことは、**金曜日の打ち合わせ**の時にお聞きしましょう。

**明日の会議**

**報告会**

| | | |
|---|---|---|
| 자세한 것은 | 금요일 협의 | 시간에 듣도록 합시다. |
| | 내일 회의 | |
| | 보고회 | |

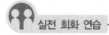 실전 회화 연습

山本　はい、販売部の山本でございます。

村田　私、丸紅の村田と申しますが、午前中にお電話くださったそうですね。

ちょうど来客中でしたので、どうも申し訳ございませんでした。

山本　丸紅の村田さん、お電話お待ちしておりました。

あの今週の金曜日の打ち合わせの件ですが、その際、見積書も一緒に持って来てほしいんですが。

村田　見積書ですか。はい、分かりました。見積書のほかにも市場調査の分析表も持って参ります。

今のところ商品の売れ行きが目立つほどよいです。

これは何もかも貴社のご協力のお陰です。

あらためてお礼申し上げます。

山本　いいえ、これはひとえに丸紅が大変頑張った結果だと思います。

とにかく何もかもうまく行ってよかったですね。

詳しいことは、金曜日の打ち合わせの時にお聞きしましょう。

村田　はい、それでは金曜日に見積書をお持ちして伺います。

どうもありがとうございます。

| 야마모토 | 예, 판매부 야마모토입니다. |
| --- | --- |
| 무라타 | 전, 마루베니의 무라타라고 하는데요, 오전 중에 전화 주셨더군요. 마침 내객 중이어서 대단히 죄송합니다. |
| 야마모토 | 아, 마루베니의 무라타 씨, 전화 기다리고 있었습니다. |
| | 저, 금주 금요일 협의 건 말인데요, 그 때 견적서도 함께 갖고 오셨으면 하는데요. |
| 무라타 | 견적서요? 예, 알겠습니다. |
| | 견적서 외에도 시장 조사 분석표도 가지고 가겠습니다. |
| | 지금 현재 상품의 팔림새가 눈에 띌 정도로 좋습니다. |
| | 모두 다 귀사의 협력 덕분입니다. |
| | 다시 한번 감사드립니다. |
| 야마모토 | 아니요, 이건 마루베니상사가 굉장히 열심히 한 결과라고 생각합니다. |
| | 아무튼 모든 게 잘 돼서 다행입니다. 상세한 것은 금요일 협의 시간에 듣도록 하지요. |
| 무라타 | 예, 그럼 금요일에 견적서를 가지고 찾아뵙겠습니다. 대단히 감사합니다. |

**새로운 단어**

ちょうど来客中 (らいきゃくちゅう) 마침 접객 중

お電話お待ちしておりました (でん わ ま) 전화 기다리고 있었습니다

打ち合わせ (う あ) 협의

持って来てほしい (も き) 지참하고 와 주었으면 한다

見積書 (みつもりしょ) 견적서

市場調査の分析表 (し じょうちょうさ ぶんせきひょう) 시장조사 분석표

今のところ (いま) 현재, 지금

商品の売れ行き (しょうひん う ゆ) 상품의 팔림새

目立つ (め だ) 눈에 띄다, 두드러지다, 현저하다

何もかも (なに) 모두 다, 하나같이

あらためてお礼申し上げます (れいもう あ) 다시 한번 감사의 인사를 드립니다

ひとえに 오로지

頑張った結果 (がん ば けっ か) 열심히 한(해준) 결과

# アポの変更
# 약속 변경

## 1 지명인이 있을 때 名指し人がいる時

**이런 상황 생각해 봅시다**

山下　お電話代りました。山下です。

伊藤　こんにちは、東洋電気の伊藤でございます。

　　　いつもお世話様です。

　　　あの、今週の木曜日の説明会の件ですが。❶

山下　はい、午後2時に来られることになってましたね。

伊藤　それがですね、急に用事ができて行けなくなりました。❷

　　　それで説明会は一週間延して来週の金曜日にしようと思いますが、お時間よろしいですか。

山下　来週の金曜日はスケジュールが詰まってまして、ちょっと難しいと思いますが。

伊藤　私は金曜日しか都合がつきませんが、なんとかできませんか。❸

山下　すみません。前からの約束ですので、変更できませんね。

---

야마시타　전화 바꿨습니다. 야마시타입니다.

이토　　　안녕하세요? 도요전기의 이토입니다. 늘 신세가 많습니다.

　　　　　저, 금주 목요일 설명 건 말씀인데요.

야마시타　예, 오후 2시에 오시기로 되어있지요.

이토　　　그게 말이죠, 급한 일이 생겨서 갈 수 없게 됐습니다.

　　　　　그래서 설명회는 일주일 연기해서 다음 주 금요일에 할까 하는데 시간 괜찮으세요?

야마시타　다음 주 금요일은 스케줄이 꽉 차서 좀 어려운데요.

이토　　　전 금요일밖에 시간이 안 나는데, 어떻게 안될까요?

야마시타　죄송합니다. 전부터 약속된 거라서 변경할 수 없는데요.

アポ 약속(「アポイントメント」의 준말)

お世話様です 신세를 지고 있습니다(「お世話になっています」와 같은 의미)

一週間延す 일주일 연기하다

スケジュールが詰まる 스케줄이 꽉 차다

なんとかできませんか 어떻게 안될까요?

変更できない 변경할 수 없다

**Business Tip** ─────────────────────────────────○

❶ **부득이한 경우가 아니면 약속을 변경하는 일은 삼가는 것이 좋다.** 약속 변경을 할 때는 반드시 사전에 상대방에게 사정을 얘기하고, 양해를 구하도록 한다.

❷ **약속을 변경한 것에 대한 사과의 인사말을 잊지 않는다.** 부득이하게 약속을 지키지 못하게 되었을 때는, 우선 정중하게 사과를 하는 것이 좋다. 약속을 지키지 못하게 된 이유가 회사 사정이나, 출장 등 불가피한 상황인 경우에는 언급을 해두어야 상대가 쉽게 납득할 수 있다.

❸ **다음 약속을 정하는 경우에 상대의 사정을 최우선적으로 고려한다.** 무리하게 상대방에게 강요하는 듯한 인상을 주는 것은 피해야 한다.

▶ **비즈니스 기본 표현**

**1** 道路事情がよくないので1時間ほど遅れそうなんです。
急に用事ができた
電車に乗り遅れた

도로 사정이 좋지 않아　　　　1시간 정도 늦을 것 같습니다.
갑자기 볼일이 생겨서
전철을 놓쳐서

**2** 約束の時間を4時に変更していただけないかと思いましてお電話いたしました。
出荷を延期
契約を取り消し

약속 시간을 4시로 변경할　　　수 없을까 해서 전화 드렸습니다.
출하를 연기
계약을 취소

**3** 約束の時間を守れなくて、大変申し訳ございません。
連絡が遅れまして
ご迷惑をおかけいたしまして

약속 시간을 지키지 못해　　　대단히 죄송합니다.
연락이 늦어서
폐를 끼쳐서

松本 私、日本物産の松本と申しますが、中村課長お願いします。

中村 あ、日本物産の松本様でいらっしゃいますね。

中村でございます。いつもお世話になっております。

松本 こちらこそお世話になっております。

実は今そちらへ向う途中ですが、道路事情がよくないので1時間ほど遅れそうなんです。大変申し訳ないですが、約束時間を4時に変更していただけないかと思いましてお電話いたしました。

中村 さようでございますか。3時のお約束を4時に変更ということですね。

松本 はい、約束の時間を守れなくて、大変申し訳ございません。

中村 はい、分かりました。

---

마쓰모토 저는 니혼물산의 마쓰모토라고 하는데요, 나카무라 과장님 부탁합니다.

나카무라 아, 니혼물산의 마쓰모토 씨세요? 나카무라입니다. 늘 신세가 많습니다.

마쓰모토 저야말로 신세가 많습니다.

실은 지금 그쪽으로 가고 있는 중인데, 도로 사정이 좋지 않아 1시간 정도 늦어질 것 같습니다. 대단히 죄송합니다만, 약속 시간을 4시로 변경했으면 해서 전화드렸습니다.

나카무라 그러십니까? 3시 약속을 4시로 변경이라구요.

마쓰모토 예, 약속 시간을 지키지 못해 죄송합니다.

나카무라 예, 알겠습니다.

---

**새로운 단어**

そちらへ向う途中 그쪽으로 가는 도중

道路事情がよくない 도로 사정이 좋지 않다

1時間ほど遅れそうだ 1시간 정도 늦어질 것 같다

変更していただきたい 변경했으면 한다(변경하고 싶다)

さようでございますか 그렇습니까?(「そうですか」의 겸양어)

約束の時間を守れない 약속 시간을 지킬 수 없다

▶ 비즈니스 기본 표현

**1** あの来週火曜日の**打ち合わせ**の件ですが、
　　　　　　　　**新製品の説明会**
　　　　　　　　**発表会**

저, 다음주 화요일　　　협의　　　　건 말인데요.
　　　　　　　　　　신제품 설명회
　　　　　　　　　　발표회


**2** ご報告申し上げるつもりだった**市場分析表の結果**が予定より遅れそうなんです。
　　　　　　　　　　　**ベストセラーの目録**
　　　　　　　　　　　**売上げ分析表**

보고드릴 예정이었던　　　　　　시장분석표 결과가　　　예정보다 늦어질 것 같습니다.
　　　　　　　　　　　　　　베스트셀러 목록
　　　　　　　　　　　　　　매상 분석표


**3** 今、**最善を尽して**はおりますが、火曜日まではちょっと無理だと思います。
　　　**頑張って**は
　　　**工事に取りかかって**は

지금　최선을 다하고는　　있습니다만, 화요일까지는 다소 무리라고 봅니다.
　　열심히 하고는
　　공사에 착수하고는


**4** それじゃ、**打ち合わせ**は金曜日にしましょう
　　　　　　**出発日**
　　　　　　**契約**

그럼　　　협의는　　　금요일에 합시다.
　　　출발일
　　　계약

江本　はい、お電話代りました。江本でございます。

根川　こんにちは。三井物産の根川でございます。

あの来週火曜日の打ち合わせの件ですが、日時をちょっと変更していただけないかと思いましてお電話いたしました。

実は打ち合わせの時、ご報告申し上げるつもりだった市場分析表の結果が予定より遅れそうなんです。今最善を尽してはおりますが、火曜日まではちょっと無理だと思います。大変申し訳ございません。

江本　あ、そうですか。それではいつごろできあがりますか。

根川　来週の木曜日ならできあがると思いますが。

江本　それじゃ打ち合わせは金曜日にしましょう。

時間は午前10時でよろしいですか。

根川　はい、けっこうです。どうもありがとうございます。

それでは来週の金曜日午前10時、御社へ伺わせていただきます。

よろしくお願いいたします。

........................................................

에모토　예, 전화 바꿨습니다. 에모토입니다.

네카와　안녕하세요? 미쓰이물산의 네카와입니다.

저, 다음주 화요일 협의 건 말인데요, 일시를 좀 변경할 수 없을까 해서 전화드렸습니다.

실은 협의 때 보고드릴 예정이었던 시장분석표 결과가 예정보다 늦어질 것 같습니다. 지금 최선을 다하고는 있습니다만, 화요일까지는 좀 무리네요. 대단히 죄송합니다.

에모토　아, 그러세요? 그럼 언제 다 됩니까?

네카와　다음 주 목요일이라면 다 될 겁니다.

에모토　그럼 협의는 금요일에 하지요. 시간은 10시에 괜찮으세요?

네카와　예, 괜찮습니다. 감사합니다.

그럼 다음주 금요일 오전 10시, 귀사로 찾아 뵙겠습니다.

잘 부탁드립니다.

---

**새로운 단어**

日時をちょっと変更していただきたい 날짜를 좀 변경했으면 한다

ご報告いたす 보고하다(「報告する」의 겸양어)　市場分析表の結果 시장분석표 결과

予定より遅れそうだ 예정보다 늦어질 것 같다　最善を尽しておる 최선을 다하고 있다

いつごろできあがりますか 언제 다 됩니까?　御社へ伺わせていただきます 귀사로 찾아뵙겠습니다

🗣️ 이런 상황 생각해 봅시다 ──────────────────────

| | |
|---|---|
| 金 | ユリ貿易の金と申しますが、村上課長お願いします。 |
| 女子社員 | ユリ貿易の金様でいらっしゃいますね。課長の村上はただいま会議でございまして、一時間後には終ると思いますが。 |
| 金 | へえ、一時間もですか。それはちょっと困ったな。<br>あの大変急な用事ですので、一時間はどうしても待てません。<br><u>何とか電話に出てもらえないですか。</u>❶ |
| 女子社員 | 申し訳ございません。会議中にはいっさいおつなぎできないようになっております。よろしければご伝言をどうぞ。メモは渡せます。 |
| 金 | あの、実はその用件が人に知られたらちょっと困ることです。<br>何とかできませんか。 |
| 女子社員 | 大変申し訳ございません。<br>今のところではメモしかお渡しできません。 |
| 金 | <u>そんなこと言わないで、代ってくれればいいのにな。</u><br><u>(ガッチャンと電話を切る)</u>❷ |

........................................................

| | |
|---|---|
| 김 | 유리무역의 김이라고 하는데, 무라카미 과장님 부탁합니다. |
| 여사원 | 유리무역의 김 씨이시군요. 무라카미 과장님은 지금 회의 중이어서, 한 시간 후에는 끝날 겁니다. |
| 김 | 네? 한 시간이나요? 그건 좀 곤란한데.<br>저, 굉장히 급한 일이라서 한 시간은 도저히 못 기다립니다. 어떻게 전화를 받을 수 없을까요? |
| 여사원 | 죄송합니다. 회의 중에는 일체 연결할 수 없게 되어 있어서요.<br>괜찮으시면 전언을 남겨주세요. 메모는 전할 수 있습니다. |
| 김 | 저, 실은 그 용건이 다른 사람에게 알려지면 좀 곤란합니다.<br>어떻게 안 될까요? |
| 여사원 | 대단히 죄송합니다.<br>지금으로서는 메모밖에 전할 수 없습니다. |
| 김 | 그러지 말고, 바꿔주면 좋으련만.<br>(찰칵 전화를 끊는다) |

一時間もですか 한 시간이나 말입니까?

急な用事 급한 용무

待てません 기다릴 수 없습니다

電話に出てもらう 전화를 받다

いっさい 일체

電話を受ける 전화를 받다

人に知られたら困る 다른 사람들에게 알려지면 곤란하다

代ってくれればいいのに 바꿔주면 좋을 텐데

ガッチャンと電話を切る 찰칵 전화를 끊다

---

**Business Tip**

❶ **상대방**이 회의 중이거나, 업무로 인하여, **전화를 받을 수 없는 상황일 때**는 메모를 전해달라고 하거나, 회의가 끝나는 시간에 다시 전화를 하는 것이 좋다. 무리하게 전화 연결을 부탁하는 것은 결코 좋은 인상을 줄 수 없다.

❷ 자신의 부탁이 관철되지 않았다고 해서, 상대를 원망하는 듯한 뉘앙스의 말을 하거나, 자신의 할 말만 하고 **일방적으로 전화를 끊는 것은 절대로 삼가야 한다.**

▶비즈니스 기본 표현

**1** あいに部長の竹下は休暇中でございまして、明日の木曜日に出社する予定ですが。
　　　　　　　外回り中
　　　　　　　出張中

공교롭게도 다케시타 부장님은 휴가 중으로,　　　　　내일 목요일에 출근할 예정인데요.
　　　　　　　　　　　　외근 중
　　　　　　　　　　　　출장 중

**2** 製品の成分分析の資料を頼まれて、今日お送りしようと思ったんですが。
　　代金請求書
　　振り込み証明書

제품의 성분 분석 자료를　　　　　부탁하셔서, 오늘 보내려고 하는데요.
대금 청구서
불입 증명서

**3** 権さんからの資料は代りに受け取るよう、竹下に言われております。
　　夏目さんからの作品
　　世論調査の分析表

권 씨에게 오는 자료는　　　대신 수령하라고 다케시타에게 들었습니다.
나쓰메 씨가 주시는 작품
여론조사의 분석표

**4** 部長がお帰りになりましたら、詳しくご検討くださいと伝えていただけますか。
　　社長がお聞きになりましたら
　　課長がご覧になりましたら

부장님께서 오시면　　　　　상세히 검토해주십사 전해주시겠습니까?
사장님께서 물으시면
과장님께서 보시면

権　セモ化学の権と申しますが、竹下部長おられますでしょうか。

上神　あ、セモ化学の権様でいらっしゃいますね。

私、同じ課の上神でございます。

あいにく部長の竹下は休暇中でございまして、明日の木曜日に出社する予定ですが。

権　そうですか。この前部長に製品の成分分析の資料を頼まれて、今日お送りしようと思ったんですが。

上神　その件に関しては私が担当いたします。権さんからの資料は代りに受け取るよう、竹下に言われております。

権　そうですか。それでは今すぐお送りいたします。

部長がお帰りになりましたら、詳しくご検討くださいと伝えていただけますか。

上神　はい、承知いたしました。

---

권　세모화학의 권이라고 하는데요, 다케시타 부장님 계십니까?

우에카미　아, 세모화학의 권 씨이시군요.
전 같은 과의 우에카미입니다.
공교롭게도 다케시타 부장님은 휴가 중으로, 내일 목요일에 출근할 예정인데요.

권　그러세요? 일전에 부장님께서 제품의 성분 분석자료를 부탁하셔서 오늘 보내드리려고 하는데요.

우에카미　그 건에 대해서는 제가 담당하겠습니다. 권 씨에게 오는 자료는 대신 수령하라고 들었습니다.

권　그러세요? 그럼 지금 곧 송부하겠습니다.
부장님께서 돌아오시면 상세히 검토해 주십사 전해 주시겠습니까?

우에카미　예, 알겠습니다.

---

**새로운 단어**

部長はおられますでしょうか 부장님 계십니까?　休暇中でございます 휴가 중입니다

資料を頼まれる 자료를 부탁받다　代りに受け取るよう言われる 대신 수령하라고 했다

お送りする 보내드리다(「送る」의 겸양어)　詳しくご検討ください 상세히 검토해 주십시오

承知する 알겠다

▶ 비즈니스 기본 표현

**1** さきほどお電話くださったそうですね。
　　来られた
　　ご連絡くださった

조금 전　전화를 주셨더군요.
　　　　오셨
　　　　연락 주셨

**2** 雪野はただ今会議が長引いております。
　　打ち合わせ
　　講演会

유키노는 지금　회의가　길어지고 있습니다.
　　　　　　　협의
　　　　　　　강연회

**3** 大変申し訳ございませんが、課長の金水民が代りに行くことになりました。
　　　　　　　　　　　　　　部長の森
　　　　　　　　　　　　　　部下の林

대단히 죄송합니다만,　　　　김수민 과장이　　대신 가게 되었습니다.
　　　　　　　　　　　　　　모리 부장
　　　　　　　　　　　　　　부하 하야시

**4** それでは説明会は予定どおり、今週の金曜日に行うわけですね。
　　　　　　　　　　　　　　来週の月曜日
　　　　　　　　　　　　　　明日の3時

그럼 설명회는 예정대로,　　　이번 주 금요일에　거행하는 거죠?
　　　　　　　　　　　　　　다음 주 월요일
　　　　　　　　　　　　　　내일 3시

**5** 朴さんは海外のご出張のため、金水民課長が代りに来られるということですね。
　　残業
　　役員会

박 씨는　해외 출장 때문에,　　　　　김수민 과장님이 대신 오신다는 것이죠.
　　　　　잔업
　　　　　임원회의

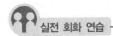 실전 회화 연습

朴　ウリ電気の朴でございますが、雪野部長お願いします。

森　あ、朴さん、さきほどお電話くださったそうですね。私は同じ課の森と申します。雪野はただ今会議が長引いております。ご用なら私が承るよう指示されました。お差し支えなければ代りにご用件を承りましょうか。

朴　そうですか。実は今週の金曜日の新製品の説明会の件ですが。

森　確か金曜日の午後4時でしたね。

朴　はい、日時は変りありませんが、私が急に海外の出張が決まりました。それで大変申し訳ございませんが、課長の金水民が代りに行くことになりました。金水民は新製品の最初の段階からかかわった者で、その製品についてはずいぶん詳しいです。

森　そうですか。朴さんは出張先からいつお帰りになりますか。

朴　二週間の予定でございます。なるべく説明会が終ってから出張に行こうと思いましたが、先方の都合もあって。貴社には大変ご迷惑をおかけすることになりました。

森　いいえ。それでは説明会は予定どおり、今週の金曜日に行うわけですね。それから、朴さんは海外のご出張のため、金水民課長が代りに来られるということですね。はい、分かりました。部長にはそのように伝えておきます。

| 박 | 우리전기의 박인데요, 유키노 부장님 부탁합니다. |
|---|---|
| 모리 | 아! 박 씨, 좀 전에 전화 주셨더군요. 전 같은 과의 모리라고 합니다. |
| | 유키노 부장님은 지금 회의가 길어져서요. 용건이라면 제가 대신 듣도록 지시 받았습니다. |
| | 지장이 없으시면 대신 용건을 들을까요? |
| 박 | 그러세요? 실은 금주 금요일 신제품 설명회 건인데요. |
| 모리 | 분명히 금요일 오후 4시였죠? |
| 박 | 예, 일시는 변경이 없는데요, 제가 갑자기 해외 출장이 정해져서요. |
| | 그래서 대단히 죄송하지만, 김수민 과장이 대신 가게 되었습니다. |
| | 김수민은 신제품 첫 단계부터 관여한 사람이어서 그 제품에 대해서는 아주 상세합니다. |
| 모리 | 그러세요? 박 씨는 출장지에서 언제 돌아오세요? |
| 박 | 2주일 예정입니다. 가능한 한 설명회가 끝나고 나서 출장을 가려 했지만, 상대측 사정도 있어서요. |
| | 귀사에는 대단히 폐를 끼치게 되었습니다. |
| 모리 | 아니요, 그럼 설명회는 예정대로 금주 금요일에 하는 거지요. |
| | 그리고 박씨는 해외출장 때문에 김수민 과장님이 대신 오신다는 것이죠. 예, 알겠습니다. |
| | 부장님께는 그렇게 전해두겠습니다. |

**새로운 단어**

お電話くださったそうですね 전화 주셨더군요　　会議が長引く 회의가 길어지다

私が承るよう指示されました 제가 처리하도록 지시 받았습니다

お差し支えなければ代りにご用件を承りましょうか 지장이 없으시면 대신 용건을 들을까요?

出張が決まる 출장이 정해지다　　　　　　代りに行くことになる 대신 가게 되다

最初の段階からかかわった者 처음 단계부터 관여한 사람

ずいぶん詳しい 상당히 상세하다. 잘 알다　　出張先 출장지

お帰りになる 돌아오시다 ('帰る'의 존경어)　　なるべく 될 수 있는 대로

先方の都合 상대편 사정　　　　　　　　　ご迷惑をおかけする 폐를 끼치다

予定どおり 예정대로　　　　　　　　　　そのように伝えておく 그렇게 전해두겠다

---

**Expression**

## 「先」의 의미

▶ 사업이나 교섭의 상대방을 의미하는 경우

取引先 거래처　　販売先 판매처　　得意先 단골(처)　　連絡先 연락처　　先様 상대방

▶ 행선지를 의미하는 경우

旅先 여행지　　行き先 행선지　　送り先 송부처　　勤め先 근무처

# 사전 교섭(根回し)

일본인은 회의나 어떤 합의를 도출해내는 데 있어서 정형화된 형식을 중요시 여긴다. 합의의 형태에 있어서도 다수결보다는 만장일치의 형식이 중요시된다. 즉 어떤 사안에 대하여 결론을 내리기 위해서는 반드시 사전 의견조율이나 사전협의를 거치는 것이 일반적인데, 이렇게 패턴화 된 행동을 '네마와시'라고 한다. 따라서 사전 의견 조율이나 사전협의가 완벽하게 이루어져서 감정의 찌꺼기를 깨끗이 정리하는 일이 합의를 도출해내는 데 있어서는 반드시 필요한 통과의례이다. 이것은 거목을 옮겨 심을 때 뿌리를 파 내려가 잔뿌리를 제거하고 남은 큰 뿌리를 새끼로 묶어 옮겨심기를 쉽게 하기 위한 사전정지작업에서 비롯된 말이다. 따라서 회의장은 그 합의를 확인하는 자리가 된다.

이 공식은 결제문화에도 적용되는데, 사전 언급 없이 어느 날 불쑥 결제 판을 내밀면 상사로부터 무례하다는 오해를 받기 쉽고, 그것은 곧 낭패로 이어지게 마련이다. 일본에 상륙하는 기업이 살아남기 위해서는 이 통과의례를 거쳐야 하는데 이 '네마와시'가 말처럼 쉬운 것은 아니다.

**참조** 『키워드로 여는 일본의 향』, 김용안 저, 제이앤씨

# 교세라(京セラ)

일본 교토에서 변변치 못한 자본과 오합지졸의 인재로 창업, 아무도 주목하지 않았던 교세라의 창업주 이나모리 가즈오(稻盛和夫)는 마쓰시타 고노스케(마쓰시타전기 창업자), 혼다 소이치로(혼다기업 창업자)와 함께 '일본의 3대 기업가'로 꼽힌다. 이나모리는 1959년 지인이 출자한 300만 엔으로 교토세라믹(현재의 교세라)를 설립했다. 파인세라믹스에 관한 기술 개발력을 토대로 각종 전자 부품, 산업용 부품 등의 제조사로 급성장한 교세라는 현재 통신 기기, 정보기기, 카메라, 장식품 등의 제품군을 생산하고 있으며, 159개 자회사에 매출액 4조 엔, 5만 8,000명의 종업원을 거느린 세계적 기업이다.

또한 그는 1984년 NTT(日本電信電話)의 독점에 대항해 질 좋고 저렴한 통신 서비스를 제공하기 위해 DDI(현 KDDI)를 설립하기도 했다. 그러나 그가 경영 일선에서 그 누구보다도 존경과 선망의 대상이 되는 것은 표면적으로 기업을 확장시켰다는 이유만은 아니다. 그는 1983년 차세대 경영자들에게 자신의 기업 경영 방침과 철학에 관한 조언과 상담을 위해 세이와주쿠(盛和塾)를 설립하였는데, 이는 경영 현장에서 발생하는 민감하고 어려운 문제들에 대해 명쾌한 해답을 제시하여 현재 일본 최고의 경영 아카데미로 손꼽히고 있다.

이나모리는 기업의 경영 목적을 나타내는 경영 이념이나 경영 철학과 같은 눈에 보이지 않는 요소야말로 눈에 보이는 자원들과 동일하게 기업이 번영하고 존속하는 데 없어서는 안 되는 주요한 요소라고 말하고 있다. 분명한 경영 철학이 존재하는 기업만이 존속, 발전할 수 있으며 기업의 경영 철학 및 이념은 기업 발전의 근원이자 원동력이라고 말한다. 기업 철학이 확립되면 직원들은 그에 따라 능동적으로 움직이게 되고 조직에 활력을 불어넣을 수 있게 된다. 따라서 경영자는 기업을 위해서 직원들에게 자신이 가진 경영 이념을 전파하고 공감을 이끌어낼 수 있어야 한다. 단지 기업 경영에 필요한 요소들이 충족되었다고 해서 경영을 잘 할 수 있는 것이 아니라, 직원 한 명 한 명에게 자신의 경영 이념을 설득시킬 수 있는 리더십을 가져야 한다고 그는 강조해서 말한다.

2010년 새해! 적자 경영에 허덕이고 있는 일본항공(日本航空)의 차기 경영자 제의를 수락한 이나모리가 이번엔 어떠한 하늘 경영을 해 나갈지 많은 사람들이 주목하고 있다.

**참조** 『이나모리 가즈오에게 경영을 묻다』, 정상택 옮김, 비즈니스북스

# 제3장

# 방문 訪問

- 약속 시간보다 5분 정도 일찍 도착하도록 한다.
- 중요한 서류는 빠뜨리지 않고 잘 지참한다.
- 약속 장소, 위치 등을 사전에 체크한다.
- 명함은 신속히 건넬 수 있도록 미리 따로 준비해 둔다.
- 명함은 상대방이 읽을 수 있는 방향으로 하여, 여백을 잡고 건넨다.
- 명함에 메모나 글씨를 쓰지 않도록 한다.
- 이름의 漢字는 상대에게 물어도 실례가 되지 않는다.
- 방문 시간은 1시간 정도가 적당하다. (이보다 더 길어지면 업무에 방해가 된다)

# 初対面
# 첫 대면
しょたいめん

## 1 명함 교환 名刺交換
めい し こうかん

南 （名刺をどこに入れたのか分からなくて、あちこちを探す）❶
ナム

どこにあるかな。確かにここに入れたはずけどな。

あ、あった、あった。

はじめまして。私、ウリ物産の南と申します。

どうぞよろしくお願いいたします。

田辺 （すぐ名刺を渡しながら）田辺です。よろしくお願いいたします。
た なべ

南 あの失礼ですが、このお名前は何とお読みするんですか。
ナム

田辺 はい、「タナベ・ヒロタケ」と読みます。
た なべ

南 （名刺にハングルで書く）❷
ナム

あ、「タナベ・ヒロタケ」ですね。難しいお名前ですね。

それからご紹介します。こちらは同じ課の朴美善です。

朴 はじめまして。朴美善でございます。よろしくお願いします。
パク

田辺 （名刺を渡しながら）あ、朴美善様でいらっしゃいますか。
た なべ

よろしくお願いします。

朴 （田辺さんからもらった名刺を全然読まないでポケットに入れてしまう）❸
パク

あ、すみません。今日は名刺を持って来るのを忘れました。❹

代りに南さんの名刺に私の名前を書いておきますから。
か わ ナム

（南さんの名刺に自分の名前を書いて田辺さんに渡す）はい、どうぞ。

それから私の名前の発音は「バク・ミ・ソン」です。

田辺　「バクミゼン」さんですね。

朴　　いいえ、「バク・ミ・ソン」です。⑤

田辺　あ、「バク・ミ・ソン」さんですね。

朴　　はい。そのとおりです。

---

남　　（명함을 어디에 두었는지 몰라, 여기저기 찾는다）
　　　어디 있지? 분명히 여기에 넣어두었는데. 아! 있다, 있어.
　　　처음 뵙겠습니다. 저는 우리물산의 남입니다. 잘 부탁드립니다.

다나베　（바로 명함을 건네며）다나베입니다. 잘 부탁드립니다.

남　　저 실례지만, 이 성함은 뭐라고 읽는지요?.

다나베　네, '다나베・히로타케'라고 읽습니다.

남　　（명함에 한글로 쓴다）아! '다나베・히로타케'군요. 어려운 성함이네요.
　　　그리고 소개 올리겠습니다. 이쪽은 같은 과의 박미선입니다.

박　　처음 뵙겠습니다. 박미선입니다. 잘 부탁합니다.

다나베　（명함을 건네면서）아, 박미젠 씨세요. 잘 부탁합니다.

박　　（다나베 씨에게 받은 명함을 전혀 읽지도 않고 주머니에 넣어버린다）
　　　아, 죄송합니다. 오늘 명함 갖고 오는 것을 잊어버려서요. 대신 남 씨의 명함에 제 이름을 써 두겠습니다.
　　　（남 씨의 명함에 자신의 이름을 써서 다나베 씨에게 건넨다）여기 있습니다. 그리고 제 이름의 발음은
　　　'박・미・선'입니다.

다나베　아, 박미젠 씨요.

박　　아니오, '박・미・선'이요.

다나베　아, '박・미・선'씨요.

박　　예, 맞습니다.

---

**새로운 단어**

入れたはずだ 분명히 넣어 두었을 터이다

名刺を渡す 명함을 건네다

何とお読みするんですか 뭐라고 읽습니까?

ポケットに入れてしまう 포켓에 넣어버리다

そのとおりだ 정확하다, 맞다

❶ **명함은 금방 꺼낼 수 있도록 준비해 두는 것이 중요하다.** 어디에 넣어 두었는지 몰라서 여기저기를 찾다가 겨우 꺼내는 모습은 비즈니스맨으로서는 실격이다.

❷ **일본인의 이름은 읽기 어려운 한자가 많다.** 로마자로 쓰여진 경우도 있지만, 잘 모르는 경우에는 물어도 실례가 되지 않는다. 단 당사자가 보는 곳에서 명함에 메모를 하는 것은 좋지 않다.

❸ **상대방에게 명함을 받아서 읽지도 않은 채, 그대로 넣어 두는 것도 실례이다.** 반드시 명함을 읽어보고, 그 회사에 관한 정보나, 직함에 대해서도 한마디 정도 언급하는 것도 좋다.

❹ **명함을 잊고 가지고 오지 않았을 경우에는** 정중하게「今日はあいにく名刺を切らしておりまして」(오늘은 마침 명함이 떨어져서요)라고 밝힌다.

❺ **일본인이 한국인의 이름을 발음할 때,** 일본어에는 없는 발음이 많기 때문에 일본식으로 읽는 것이 보통이다. 이런 경우 이름을 명확하게 말하게 하려고 몇 번이나 반복해서 알려주는 것은, 상대를 지나치게 부담스럽게 하는 일이며 결례가 된다.

---

**Expression**

### 소개(紹介)

거래처의 사람과 1대1로 만나는 경우도 있지만, 자신의 상사나 부하를 동행하는 경우도 종종 있다. 이때 반드시 자신의 소속 사람을 상대방에게 먼저 소개하는 것이 예의다. 또 소속 사람이 아무리 자신보다도 직급이 위인 경우라도「営業部長の山田です」라고 해야 한다. 반대로, 상대를 자신의 소속 측에 소개할 때는「企画部長の広川さん」으로, 이름 뒤에 반드시「さん」을 붙여주는 것이 예의다. 또 손아랫사람을 윗사람에게 먼저 소개하고, 윗사람은 나중에 소개한다.

▶ 비즈니스 기본 표현

**1** 今日<sub>きょう</sub>はあいにく名刺<sub>めいし</sub>を切<sub>き</sub>らしておりまして、大変申<sub>たいへんもう</sub>し訳<sub>わけ</sub>ございません。

こんな服装<sub>ふくそう</sub>をいたしまして

手<sub>て</sub>ぶらで参<sub>まい</sub>りまして

오늘은 마침　　명함이 떨어져서　　　　　　　　대단히 죄송합니다.
　　　　　　　이런 복장을 해서
　　　　　　　빈손으로 와서

**2** 展示会<sub>てんじかい</sub>に関<sub>かん</sub>するお問<sub>と</sub>い合<sub>あ</sub>わせは何<sub>なん</sub>なりと小島<sub>こじま</sub>にお聞<sub>き</sub>きください。

私<sub>わたし</sub>

担当者<sub>たんとうしゃ</sub>

전시회에 관한 문의는 뭐든지　　　　　　고지마에게 질문해주세요.
　　　　　　　　　　　　　　　　　　　　저
　　　　　　　　　　　　　　　　　　　　담당자

**3** 展示会<sub>てんじかい</sub>にははじめての出品<sub>しゅっぴん</sub>ですので、いろいろとご指導<sub>しどう</sub>よろしくお願<sub>ねが</sub>いいたします。

二度目<sub>にどめ</sub>の出品<sub>しゅっぴん</sub>

まったく素人<sub>しろうと</sub>

전시회에는　첫 출품이라서　　　　　여러모로 지도를 잘 부탁드립니다.
　　　　　　두 번째 출품
　　　　　　완전 아마추어

民　(名刺を出して渡しながら) お目にかかれてうれしいです。
ハナ貿易の民と申します。よろしくお願いいたします。

岡山　私、新井産業の岡山と申します。よろしくお願いいたします。
それから、ご紹介いたします。こちらは部下の小島でございます。

民　あ、小島さん、よろしくお願いいたします。(名刺を渡す)

小島　今日はあいにく名刺を切らしておりまして、大変申し訳ございません。
私、小島英次と申します。どうぞよろしくお願いいたします。

岡山　小島は今度の展示会の実務担当者でございます。展示会に関するお問い合わせは何なりと小島にお聞きください。

民　あ、そうですか。当社は展示会にははじめての出品ですので、いろいろとご指導よろしくお願いいたします。

小島　こちらこそよろしくお願いいたします。

---

민　(명함을 꺼내 건네며) 뵙게 돼서 반갑습니다. 하나무역의 민이라고 합니다. 잘 부탁합니다.
오카야마　저는 아라이산업의 오카야마라고 합니다. 잘 부탁드립니다.
그리고 소개하겠습니다. 이쪽은 부하인 고지마입니다.
민　아, 고지마 씨, 잘 부탁드립니다. (명함을 건넨다)
고지마　오늘은 마침 명함이 떨어져서 대단히 죄송합니다. 저는 고지마 에이지라고 합니다. 잘 부탁드립니다.
오카야마　고지마는 이번 전시회 실무담당자입니다. 전시회에 관한 문의는 뭐든지 고지마에게 질문해 주십시오.
민　아, 그러세요? 당사는 전시회에는 첫 출품이라서, 여러모로 지도를 잘 부탁드립니다.
고지마　저야말로 잘 부탁드립니다.

---

**새로운 단어**

お目にかかれてうれしい 뵙게 되어 반갑다
あいにく名刺を切らしておる 마침 명함이 떨어지다
お問い合わせ 문의
何なりと 무엇이든지, 어떤 것이든지
はじめての出品 첫 출품

62　실전 비즈니스일본어회화 중급

▶ 비즈니스 기본 표현

**1** 文さんの**おうわさ**はかねがね聞いておりました。

ご活躍振り

ご業績

| 문 씨의 | 소문은 | 익히 들었습니다. |
|---|---|---|
| | 활약상 | |
| | 업적 | |

**2** 木下さんのお名前はこの業界では大変有名ですよ。

通信販売の記録

新入社員の教育

| 기노시타 씨의 성함은 | 이 업계에서는 아주 유명합니다. |
|---|---|
| 통신판매 기록 | |
| 신입사원 교육 | |

**3** かえって貴社のようなご立派なところとお取引できて大変光栄です。

大手企業

堅実な企業

| 오히려 귀사와 같은 | 훌륭한 곳과 | 거래하게 되어 대단히 영광입니다. |
|---|---|---|
| | 대기업 | |
| | 견실한 기업 | |

**4** ぜひご指導いただきたいです。

一言

サイン

| 부디 | 지도받고 싶습니다. |
|---|---|
| | 한마디 듣고 |
| | 사인 받고 |

文 はじめまして。ハナ産業の文と申します。

どうぞよろしくお願いいたします。

木下 お会いできてうれしいです。山村商事の木下と申します。

文さんのおうわさはかねがね聞いておりました。

文 こちらこそ。木下さんのお名前はこの業界では大変有名ですよ。

ぜひ一度お会いしたいと思っていました。

木下 有名だなんてとんでもございませんよ。かえって貴社のようなご立派なとこ
ろとお取引きできて大変光栄です。今後ともよろしくお願いいたします。

文 こちらこそ。ぜひご指導いただきたいです。

.........................................................................

문　　　　처음 뵙겠습니다. 하나산업의 문이라고 합니다.
　　　　　잘 부탁합니다.

기노시타　만나 뵙게 되어 반갑습니다. 야마무라상사의 기노시타라고 합니다.
　　　　　문 씨의 소문은 익히 들었습니다.

문　　　　저야말로 그렇습니다. 기노시타 씨의 성함은 이 업계에서는 아주 유명합니다.
　　　　　꼭 한번 만나 뵙고 싶었습니다.

기노시타　유명하다니 당치 않습니다. 오히려 귀사와 같은 훌륭한 곳과 거래를 할 수 있어서 대단히 영광입니다.
　　　　　앞으로 잘 부탁드립니다.

문　　　　저야말로 꼭 지도 받고 싶습니다.

**새로운 단어**

お会いできてうれしい 만나 뵙게 되어 기쁘다

おうわさ 소문

かねがね聞いておる 전부터 듣고 있다

とんでもございません 당치 않으십니다

かえって 오히려, 도리어

お取引 거래

光栄 영광

ご指導いただきたい 지도받고 싶다

## 1 갑작스런 방문 急な訪問 (きゅうなほうもん)

👥 이런 상황 생각해 봅시다

**女子社員** (じょししゃいん) いらっしゃいませ。

**金** (キム) 私 (わたし)、韓国物産 (かんこくぶっさん) の金 (キム) と申 (もう) しますが、山田部長 (やまだぶちょう) いらっしゃいますでしょうか。

**女子社員** (じょししゃいん) 部長 (ぶちょう) の山田 (やまだ) とはお約束 (やくそく) でしょうか。

**金** (キム) <u>いいえ、別 (べつ) に約束 (やくそく) はしていませんが、近 (ちか) くまで来 (き) たのでちょっと寄 (よ) っただけなんですが。</u>❶

**女子社員** (じょししゃいん) あ、そうですか。山田 (やまだ) は今 (いま) あいにく会議中 (かいぎちゅう) でございまして、20分後 (ぷんご) には終 (おわ) ると思 (おも) いますが、すこし待 (ま) っていただけますでしょうか。

**金** (キム) あ、会議中 (かいぎちゅう) ですか。<u>それでは部長室 (ぶちょうしつ) で待 (ま) ちましょう。</u>❷

**女子社員** (じょししゃいん) あ、そうですか。はい、どうぞこちらでございます。

《部長室 (ぶちょうしつ)》

**金** (キム) <u>(勝手 (かって) にソファに座 (すわ) る) 待 (ま) っている間 (あいだ) に読 (よ) みますから悪 (わる) いけど、新聞 (しんぶん) とお茶 (ちゃ)、お願 (ねが) いできますか。</u>❸

**女子社員** (じょししゃいん) はい、少々 (しょうしょう) お待 (ま) ちくださいませ。

**金** (キム) <u>それから電話 (でんわ) お借 (か) りしてもよろしいですか。韓国 (かんこく) に国際電話 (こくさいでんわ) をかけないといけませんが。</u>❹

**女子社員** (じょししゃいん) どうぞ、お使 (つか) いになってください。

| 여사원 | 어서 오십시오. |
|---|---|
| 김 | 전 한국물산의 김이라고 하는데요, 야마다 부장님 계십니까? |
| 여사원 | 야마다 부장님과는 약속하셨나요? |
| 김 | 아니요, 따로 약속은 하지 않았지만, 근처에 와서 잠시 들렀을 뿐인데요. |
| 여사원 | 아, 그러세요? 야마다 부장님은 지금 공교롭게도 회의 중이라서 20분 후에는 끝납니다만, 조금 기다려 주시겠습니까? |
| 김 | 아, 회의 중입니까? 그럼 부장실에서 기다리죠. |
| 여사원 | 아, 그러세요. 예, 이쪽입니다. |

《부장실》

| 김 | (멋대로 소파에 앉는다) 기다리는 동안 읽을 테니 미안하지만, 신문과 차 부탁해도 될까요? |
|---|---|
| 여사원 | 예, 잠시 기다려 주십시오. |
| 김 | 그리고 전화 좀 써도 될까요? 한국에 국제전화를 걸어야 해서요. |
| 여사원 | 예, 쓰십시오. |

**새로운 단어**

近くまで来る 근처에 오다

ちょっと寄っただけ 잠시 들렀을 뿐

待っていただけますでしょうか 기다려주시겠습니까?

勝手に 멋대로

少々お待ちくださいませ 잠시 기다려 주십시오 (비즈니스에서는 '잠시, 잠깐'이라고 할 때 「すこし、ちょっと」라는 표현은 가능한 한 쓰지 않는다)

お借りしてもよろしいですか 사용해도 괜찮겠습니까?

国際電話をかける 국제전화를 걸다

お使いになる 사용하시다

❶ **상대를 방문할 때**는 반드시 미리 연락을 취하고 가도록 한다. 갑자기 찾아가면 일본인은 당황하거나, 자신의 업무 때문에 방문한 사람에게 성의를 다하지 못하게 되면 부담을 갖는 경우도 있다.

❷ **방문한 상대가 부재중인 경우**에는 안내자의 안내에 따르도록 한다. 무턱대고 상대의 업무실로 들어가는 것은 실례가 된다.

❸ **직원에게 무리하게 신문이나 차를 부탁하는 일**도 좋은 인상을 주기 어렵다. 안내자가 차를 권하는 경우에도, 특정한 종류를 들어 부탁하면, 혹 그 종류가 준비되지 않았을 경우에는 안내자가 당혹스러울 수도 있으므로 주의하도록 한다.

❹ 남의 업무실에 설치된 전화나 사무기기 등을 사용하는 일은 삼가는 것이 좋다.

---

**Expression**

## 「自社」와 「他社」의 호칭

▶ 「自社」의 경우 「わが社」, 「弊社)」, 「当社」, 「小社」, 「当方」, 「うち」, 「うちの会社」 등의 호칭이 있다. 회화체에서 「当社」, 문장체에서는 「弊社」가 일반적이다.

▶ 「他社」의 경우 「貴社」, 「御社」 등의 호칭이 있다.

▶ 비즈니스 기본 표현

**1** すぐ戻ると思います。どうぞこちらで少々お待ちください。

終る

始まる

곧    돌아올 겁니다.          자 이쪽에서 잠시 기다려 주세요
끝날
시작할

**2** 何かお飲み物でも。/ いいえ、けっこうです。おかまいなく。

お読み物

お茶

뭐    마실 거라도 드릴까요? / 아니요, 괜찮습니다. 신경 쓰지 마세요.
읽을 거
차

**3** 韓国読みでは何とお読みするんですか。

日本読み

英語読み

한국 발음으로는 뭐라고 읽습니까?
일본 발음
영어 발음

**4** 読みにくいでしたら「サイ」とお呼びになってもよろしいです。

発音しにくい

分かりにくい

읽기 어려우면              '사이'라고 부르셔도 괜찮습니다.
발음하기 어려우면
이해하기 어려우면

| 崔 | 韓国イレ物産の崔と申しますが、松山課長と10時に約束しておりますが。 |
|---|---|
| 女子社員 | あ、崔様でいらっしゃいますか。お待ちしておりました。 |
| | 課長の松山はただ今、社長室におりますが、すぐ戻ると思います。 |
| | どうぞこちらで少々お待ちください。 |
| 崔 | はい、どうもすみません。 |
| 女子社員 | 何かお飲み物でも。 |
| 崔 | いいえ、けっこうです。おかまいなく。 |
| 女子社員 | それでは失礼いたします。 |
| 崔 | あ、どうも。 |
| 松山 | (しばらくしてから松山課長が戻る) 大変お待たせいたしました。 |
| 崔 | (自分の名刺を渡しながら) 松山課長、お会いできて光栄です。 |
| | 私は販売部の崔と申します。どうぞよろしくお願いいたします。 |
| 松山 | (名刺に目を通しながら) あ、この「崔」という字は日本読みでは「サイ」 |
| | ですが、韓国読みでは何とお読みするんですか。 |
| 崔 | はい、「チェ」と読みます。でも、読みにくいでしたら「サイ」とお呼びになっ |
| | てもけっこうです。 |
| 松山 | あ、「チェ」と読みますか。分かりました。 |
| | これからはちゃんと「チェさん」とお呼びします。 |

........................................................................

| 최 | 한국 이래물산의 최라고 합니다만, 마쓰야마 과장님과 10시에 선약이 되어 있는데요. |
|---|---|
| 여사원 | 아, 최 씨세요? 기다리고 있었습니다. 과장님은 지금 사장실에 있는데 곧 돌아올 겁니다. |
| | 자, 이쪽에서 잠시 기다려 주십시오. |
| 최 | 예, 감사합니다. |
| 여사원 | 뭐 마실 거라도 드릴까요? |
| 최 | 아뇨. 괜찮습니다. 신경 쓰지 마세요. |

| 여사원 | 그럼 실례하겠습니다. |
| --- | --- |
| 최 | 예, 감사합니다. |
| 마쓰야마 | (잠시 후에 마쓰야마 과장이 돌아온다) 많이 기다리셨죠. |
| 최 | (자신의 명함을 건네면서) 마쓰야마 과장님, 만나 뵙게 되어 영광입니다. |
| | 저는 판매부의 최라고 합니다. 잘 부탁드립니다. |
| 마쓰야마 | (명함을 훑어보면서) 아, 이 '崔'라는 글자는 일본음으로는 '사이'인데, 한국음으로는 뭐라고 읽습니까? |
| 최 | 예, '최'라고 읽습니다. 그렇지만 읽기 어려우시면 '사이'라고 부르셔도 괜찮습니다. |
| 마쓰야마 | 아, '최'라고 읽습니까? 알겠습니다. |
| | 지금부터는 정확히 '최 씨'라고 부르겠습니다. |

**새로운 단어**

約束しておる 약속되어 있다

お待ちしておりました 기다리고 있었습니다

何かお飲み物でも 뭐 마실 거라도 드릴까요?

おかまいなく 신경 쓰지 마십시오 (「構う」에서 나온 말)

お会いできて光栄です 만나 뵙게 되어 영광입니다

目を通す 한번 쭉 훑어보다

何とお読みするんですか 뭐라고 읽는지요?

お呼びになる 부르시다 (「呼ぶ」의 존경어 표현)

ちゃんと 확실하게, 정확히

お呼びする 부르다 (「呼ぶ」의 겸손어 표현)

▶ 비즈니스 기본 표현

**1** 出版の神様だとすごいご評判ですね。
販売の王様

アイデアマン

출판의 신이라는   대단한 평판이더군요.
판매의 왕
아이디어 맨

**2** 今の韓国や世界の情勢をよく読んでいる作家と心が通じ合いました。
トレンド
株式市場の状況

지금의 한국과 세계 정세를        잘 읽고 있는 작가와 마음이 서로 통했습니다.
트렌드
주식시장의 상황

**3** 内容がいくらよくても  時期的に関心を呼び起こすものではないと  ヒットできません。
人の心を動かすもの
敏感な内容

내용이 아무리 좋아도, 시기적으로      관심을 불러일으키는 것이      아니면 히트 못합니다.
사람의 마음을 움직이는 것
민감한 내용

**4** 日本語版を貴社で出していただきたいと思いますが、いかがでございますか。
英語版
中国語版

일본어판을      귀사에서 출판했으면 하는데, 어떠세요?
영어판
중국어판

坂本　ようこそ李さん。坂本博文と申します。

どうぞよろしくお願いいたします。じゃ、お座りになってください。

李　坂本さんのおうわさはかねがね伺っております。

出版の神様だとすごいご評判ですね。

坂本　いいえ、神様だなんて、とんでもありません。

知り合いの話によると、韓国で李さんが企画された本はほとんどベストセラーになるそうですね。

今韓国でベストセラーになっている『ビジョン』という本も李さんが企画されましたね。

李　はい、そうです。今の韓国や世界の情勢をよく読んでいる作家と心が通じ合いました。時期的にも社会的なイッシューとぴったりの内容だったので、人々に受けたらしいです。

坂本　出版というのは内容も大切ですが、いつ出すのかも重要ですからね。内容がいくらよくても、時期的に関心を呼び起すものではないと、ヒットできませんからね。

李　それでですね、今日伺ったのも『ビジョン』の日本語版を貴社で出していただきたいと思いますが、いかがでございますか。

これは作品の粗筋と作家のプロフィールです。

それからこれは韓国の大型書店の三ヶ月分の週刊ベストセラーの目録でございます。ご覧の『ビジョン』は十一月から一月の現在まで上位を占めております。

坂本　すごいですね。この本はすでに日本のマスコミでも紹介されて、多くの人が日本語の翻訳を読みたがっています。

さっそく担当者に検討するよう言っておきます。

李 　ありがとうございます。今日はお忙しいところお時間を割いていただき、ど
　　うもありがとうございました。

---

사카모토　잘 오셨습니다. 사카모토 히로부미라고 합니다.
　　　　　잘 부탁합니다. 자, 앉으시죠.
이　　　　사카모토 씨의 소문은 익히 들었습니다. 출판의 신이라는 대단한 평판이더군요.
사카모토　아뇨, 신이라뇨? 당치도 않습니다.
　　　　　지인의 얘기에 의하면, 한국에서 이 씨가 기획하신 책은 거의 베스트셀러가 된다고 하더군요. 지금 한국
　　　　　에서 베스트셀러가 되고 있는 『비전』이란 책도 이 씨가 기획하셨죠?
이　　　　예, 그렇습니다. 지금의 한국과 세계 정서를 잘 읽고 있는 작가와 마음이 서로 통했습니다.
　　　　　시기적으로도 사회적인 이슈와 맞아떨어지는 내용이어서 사람들에게 어필한 것 같습니다.
사카모토　출판이란 것이 내용도 중요하지만, 언제 내느냐 하는 것도 중요하니까요.
　　　　　내용이 아무리 좋아도 시기적으로 관심을 불러일으키는 것이 아니면 히트 못합니다.
이　　　　그래서 말입니다만, 오늘 찾아뵌 것도 『비전』의 일본어판을 귀사에서 출판했으면 하는데, 어떠세요?
　　　　　이것은 작품의 줄거리와 작가의 프로필입니다.
　　　　　그리고 이것은 한국 대형 서점의 3개월 분의 주간 베스트셀러 목록입니다.
　　　　　보시는 바와 같이 『비전』은 11월부터 1월 현재까지 상위를 차지하고 있습니다.
사카모토　굉장하군요. 이 책은 이미 일본 매스컴에도 소개되어 많은 사람들이 일본어 번역을 읽고 싶어 합니다.
　　　　　속히 담당자에게 검토하도록 일러두겠습니다.
이　　　　감사합니다. 오늘은 바쁘신 와중에도 시간을 할애해주셔서 감사합니다.

---

**새로운 단어**

名刺を受け取る 명함을 받다
かねがね伺っておる 익히 들어 알고 있다
すごいご評判 대단한 평판
まだまだ足りない 아직 부족하다
企画される 기획하시다 (「企画する」의 존경어)
心が通じ合う 마음이 서로 통하다
人々に受けたらしい 사람들에게 호평을 받은 것 같다
粗筋 줄거리
ご覧のとおり 보시는 바와 같이
さっそく 속히, 서둘러
お忙しいところ 바쁘신 와중

お座りになる 앉으시다 (「座る」의 존경어)
出版の神様 출판의 신
とんでもない 당치 않다
ベストセラーになるそうだ 베스트셀러가 된다고 한다
情勢をよく読んでいる 정세를 정확히 읽다
ぴったりの内容 딱 맞는 내용
呼び起す 불러일으키다
大型書店 대형 서점
上位を占めている 상위를 차지하다
検討するよう言っておく 검토하도록 일러두다
お時間を割いていただく 시간을 할애해주다

# 03 現場訪問
## げんば ほうもん
## 현장방문

## 1 건물 안내 建物の案内
### たてもの あんない

 이런 상황 생각해 봅시다 ────────────────────

≪工場の受付≫
こうじょう うけつけ

竹田　すみません。品質管理部の李斗海さんとお会いすることになっている日本
たけだ　　　　　ひんしつかんりぶ　イドゥへ　　　　　　あ　　　　　　　　　　　　　　にほん
　　　電気の竹田と申します。入る前に工場全景の写真を一枚撮りたいです
　　　でんき　たけだ　もう　　　はい　まえ　こうじょうぜんけい　しゃしん　いちまい　と
　　　が、よろしいですか。

受付　あの、こっちでは詳しいことはよ分かりません。❶
うけつけ　　　　　　　　くわ　　　　　　　　　わ
　　　2階の品質管理部でうかがってください。❷
　　　かい　ひんしつかんりぶ

竹田　あ、そうですか。2階ってこの建物のですか。
たけだ　　　　　　　　　　かい　　　　　たてもの

受付　いいえ、あそこの大きい建物見えるでしょう。❸　あそこです。
うけつけ　　　　　　　　おお　　たてもの み

竹田　(困った表情で)すみませんが、工場の案内地図でご説明願いたいですが。
たけだ　こま　ひょうじょう　　　　　　　　こうじょう　あんないちず　せつめいねが

受付　地図なんて見なくても分かりますよ。❹
うけつけ　ちず　　　み　　　　　わ
　　　この建物を出ると　すぐあそこですから。
　　　たてもの　で

竹田　あ、そうですか。
たけだ

........................................................................................

《공장의 접수처》
다케다　　실례합니다. 품질관리부의 이두해 씨와 만나기로 되어 있는 니혼전기의 다케다라고 합니다.
　　　　들어가기 전에 공장전경 사진을 한 장 찍고 싶은데, 괜찮은가요?
접수처　　저, 여기서는 상세한 것은 잘 모릅니다. 2층의 품질관리부에 물어보세요.
다케다　　아, 그렇습니까? 2층이라면 이 건물의 2층인가요?
접수처　　아니요, 저기 큰 건물 보이지요? 저기예요.
다케다　　(곤혹스런 표정으로) 죄송하지만, 공장의 안내지도로 설명해주셨으면 하는데요.
접수처　　지도 같은 거 안 봐도 알 수 있어요. 이 건물을 나가면 바로 저기니까요.
다케다　　아, 그런가요?

**Business Tip** ──────────────────────────────○

❶ 회사나 공장에 **외국손님이 안내자 없이 방문하게 되는 경우,** 방문객의 이름, 날짜, 시간 등을 **접수처에 미리 통보해 두는 것이 좋다.** 접수처에서 손님을 맞는 태도 여하는 그 회사의 첫인상을 결정짓는 중요한 요소가 된다.

❷ 「うかがってください」는 존경어가 아니라 겸양어이다. 동작의 주체가 본인이라면 상관없지만, 이 경우에는 동작의 주체가 손님이므로 「お尋ねください」로 말해야 경어법에 맞다.

❸ 건물의 위치들을 상대에게 설명해 줄 때 이쪽, 저쪽, 저기 등 애매한 표현을 쓰는 경우가 많은데, **좌측, 우측, 거리, 건물의 색깔, 특징 등을 정확히 설명한다.** 그리고 이보다 **더욱 좋은 방법은** 방문객을 해당 부서까지 안내하는 것이다.

❹ 지도나 안내서 등이 구비되지 않았는데 방문객이 필요로 할 때는, 미처 준비하지 못한 점을 사과하고, 다시 한번 상세히 설명한다.

▶비즈니스 기본 표현

**1** まずこの**衛生服**に着替えていただけますか。
　　　　**作業服**
　　　　ユニホーム

우선 이　위생복으로 갈아입으시겠습니까?
　　　작업복
　　　유니폼

**2** ここで**キムチ**の**旨**さが決められる**重要**な**所**です。
　　　　**品質の優劣**
　　　　**製品の値段**

여기에서　김치의 우수한 맛이 결정되는 중요한 곳입니다.
　　　품질의 우열
　　　제품의 가격

**3** **包装の仕方**にも**工夫**しております。
　　**郵送の仕方**
　　**支払いの方法**

포장 방법도　　　　연구를 하고 있습니다.
우송 방법
지불 방법

**4** さすがその**理由**はここの**工場**の**管理・監督**にありましたね。
　　　　　　　**作業システム**
　　　　　　　**開発者のアイデア**

과연 그 이유는 이곳　　　　공장의 관리·감독에　　　있었군요.
　　　　　　　　　　작업 시스템
　　　　　　　　　　개발자의 아이디어

ミン
民 いらっしゃいませ。お待ちしておりました。

イム
任 ご紹介いたします。こちらは水原工場の工場長の民です。

ミン
民 はじめまして。民でございます。

今日はご訪問いただき、ありがとうございます。

しむら
志村 民さん、今日はよろしくお願いします。

ミン
民 こちらこそよろしくお願いします。

それではご案内いたしますのでどうぞこちらへ。

まずこの衛生服に着替えていただけますか。

今は韓国のキムジャン・シーズンに合わせて、キムチの漬け込みで大変忙しいです。

はい、ここが準備段階の部屋です。白菜や大根などいろんな野菜の手入れを行います。

次は、手入れの終った材料を洗う所です。洗う最終の段階で紫外線を当てて、材料の新鮮さを保ちます。

次は、味をつける所です。ここでキムチの旨さが決められる重要な所です。ここでは全過程に機械はいっさい使わず、すべて手作業で行います。

いわゆる「おふくろの味」を再現するわけです。

次は、漬け込んだキムチを熟成させる部屋です。キムチが一番おいしくなる温度で熟成させます。

次は、包装をするところですが、国内向け、日本向け、アメリカ向け、それぞれ違います。国内は工場の出荷後2〜3日後、日本は4〜5日後、アメリカは一週間後にユーザーに届きますので、包装の仕方にも工夫しております。

志村　あ、キムチの本場であって、すごいですね。

　　　貴社のキムチは日本でも大変評判です。

　　　さすがその理由はここの工場の管理・監督にありましたね。

民　　そうおっしゃっていただくと大変うれしいです。

---

민　　　어서 오십시오. 기다리고 있었습니다.

임　　　소개 드리겠습니다. 이쪽은 수원 공장의 공장장인 민입니다.

민　　　처음 뵙겠습니다. 민입니다. 오늘 방문해주셔서 감사합니다.

시무라　민 씨 오늘 잘 부탁합니다.

민　　　저희야말로 잘 부탁드립니다.

　　　　그럼 안내하겠사오니, 이쪽으로.

　　　　우선 이 위생복으로 갈아입으시겠습니까?

　　　　지금은 한국의 김장철에 맞추어　김치 담그기로 대단히 바쁩니다.

　　　　예, 여기가 준비 단계 방입니다. 배추와 무 등 여러 가지 야채 손질을 합니다.

　　　　다음은 손질이 끝난 재료를 씻는 곳입니다. 씻는 마지막 단계에서 자외선 쐬어주기를 해서, 재료의 신선

　　　　함을 유지합니다.

　　　　다음은 맛을 내는 곳입니다. 여기에서 김치의 우수한 맛이 결정되는 중요한 곳입니다. 여기에서는 전 과

　　　　정에 기계는 일체 쓰지 않고, 모두 수작업으로 이루어집니다. 말하자면 '어머니 손맛'을 재현하는 셈이죠.

　　　　다음은 담근 김치를 숙성시키는 방입니다. 김치가 가장 맛있게 되는 온도에서 숙성시킵니다.

　　　　다음은 포장을 하는 곳인데, 국내 판매용, 일본 판매용, 미국 판매용 각기 다릅니다. 국내는 공장 출하 후

　　　　2~3일 후, 일본은 4~5일 후, 미국은 일주일 후에 소비자에게 도착되기 때문에 포장 방법도 연구를 하고

　　　　있습니다.

시무라　아! 김치의 본고장인 만큼 굉장하군요.

　　　　귀사의 김치는 일본에서도 대단한 평판입니다.

　　　　과연 그 이유는 이곳 공장의 관리 · 감독에 있었군요.

민　　　그렇게 말씀해주셔서 대단히 기쁩니다.

ご訪問いただきありがとうございます 방문해 주셔서 감사합니다

着替える 옷을 갈아입다

キムジャン・シーズンに合わせる 김장철에 맞추다

キムチの漬け込み 김치 담그기

白菜 배추

大根 무

手入れ 손질

紫外線を当てる 자외선을 쐬다

新鮮さを保つ 신선함을 유지하다

味をつける 맛을 내다

おふくろの味 어머니 손맛

熟成させる 숙성시키다

国内向け 국내 출하용

日本向け 일본 출하용

アメリカ向け 미국 출하용

ユーザーに届く 소비자에게 도착하다

包装の仕方 포장 방법

工夫する 연구하다, 궁리하다

キムチの本場 김치의 본고장

さすが 과연

包装をする 포장을 하다

▶ 비즈니스 기본 표현

**1** これからは海外販売、特に日本向けの販売に注力したいと思っております。
中国向けの輸出
アメリカ向けの特販

이제부터는 해외 판매, 특히　　　　　일본 쪽 판매에　　　　　주력하려고 합니다.
　　　　　　　　　　　　　　　　중국 쪽 수출
　　　　　　　　　　　　　　　　미국 쪽 특판


**2** コストをこれほどカットできるのはやはり採掘も一緒にしているからですか。
原料を安く取り入れる
全自動化している

생산 원가를 이 정도로 낮출 수 있는 것은 역시　　　채굴도 함께 하고 있기　　　때문인가요?
　　　　　　　　　　　　　　　　　　　　　　　원료를 싸게 구입하기
　　　　　　　　　　　　　　　　　　　　　　　전자동화하고 있기


**3** 前向きに検討してみます。
関心をもって
時間をかけて

긍정적으로　검토해 보겠습니다.
관심을 가지고
시간을 두고

山本　洪さん、遠い所までようこそ。私は石材の担当をしている山本と申します。よろしくお願いします。

洪　お名前は前からうかがっておりました。

お会いできて大変光栄でございます。

山本さんは韓国のほうにはよく来られるようですね。

山本　はい、うちの石材の3分の1を韓国から輸入しています。

特に韓国の大理石の品質は世界一ですので、日本でも大変人気があります。

洪　実は当社も大理石の販売を5年間やっております。

今までは国内販売に重点を置きましたが、これからは海外販売、特に日本向けの販売に注力したいと思っております。このカタログをご覧になるとお分かりいただけると思いますが、韓国でもめずらしい大理石を多量確保しております。値段のほうも他社よりいい条件だと確信しております。

山本　そうですね。コストをこれほどカットできるのはやはり採掘も一緒にしているからですか。

洪　はい、おっしゃるとおりです。量、品質、価格の面では他社より自信があります。

ぜひ詳しくご検討くださいますようお願いいたします。

山本　はい、分かりました。前向きに検討してみます。

検討した結果は洪さんにすぐご連絡いたします。それではうちの工場をご案内いたします。

洪　ご親切にありがとうございます。

| 야마모토 | 홍 씨, 먼 곳까지 잘 오셨습니다. 전 석재 담당을 하고 있는 야마모토라고 합니다. 잘 부탁합니다. |
|---|---|
| 홍 | 성함은 전부터 들었습니다. |
| | 만나 뵙게 되어 대단히 영광입니다. |
| | 야마모토 씨는 한국에 자주 오시는 것 같더군요. |
| 야마모토 | 예, 우리 석재의 3분 1을 한국에서 수입하고 있습니다. 특히 한국의 대리석 품질은 세계 제일이라서 일본에서도 아주 인기가 있습니다. |
| 홍 | 실은 당사도 대리석 판매를 5년 간 해오고 있습니다. |
| | 지금까지는 국내 판매에 중점을 두었습니다만, 지금부터는 해외 판매, 특히 일본 쪽 판매에 주력하려고 합니다. 이 카탈로그를 보시면 아시겠지만, 한국에서도 귀한 대리석을 다량 확보하고 있습니다. 가격면에서도 타사보다 좋은 조건이라고 확신하고 있습니다. |
| 야마모토 | 그렇군요. 생산 원가를 이 정도로 낮출 수 있는 것은 역시 채굴도 같이 하고 있기 때문입니까? |
| 홍 | 예, 말씀하신 대로입니다. 양, 품질, 가격 면에서는 타사보다 자신이 있습니다. |
| | 부디 상세한 검토 부탁드립니다. |
| 야마모토 | 예, 알겠습니다. 긍정적으로 검토해보겠습니다. |
| | 검토한 결과는 홍 씨에게 곧 연락드리지요. 그럼 저희 공장을 안내해드리겠습니다. |
| 홍 | 친절한 말씀 감사합니다. |

**새로운 단어**

遠い所までようこそ 먼 곳까지 잘 오셨습니다.

前からうかがっておる 예전부터 듣고 있다.

光栄 영광

重点を置く 중점을 두다

注力したい 주력하고 싶다

お分かりいただける (상대가) 아시다

めずらしい大理石 진귀한 대리석

コストをカットする 생산 원가를 낮추다

採掘 채굴

詳しくご検討ください 상세히 검토해주십시오

前向きに検討する 긍정적으로 검토하다

# 직함(肩書)

かたがき

가타가키(肩書)란 명함이나 서류의 성명 옆에 적는 직함이나 사회적인 지위를 말한다. 일본에서는 직장인은 물론, 대학(원)생, 중 고등학생까지도 명함을 주고받을 정도로 일상화되어 있는데, 특히 비즈니스는 명함교환에서부터 모든 것이 시작된다. 첫 대면 때의 명함교환은 물론, 재차 만났을 때, 명함의 직함이 달라져 있다면, 이것에 대한 예의상의 축하인사가 동반된다.

일본은 다른 나라에 비해 직함을 중요시하는 사회적 분위기가 매우 강하다. 그러면 왜 일본에서는 필요 이상의 서열을 나타내는 직함을 만드는 것일까? 그것은 '출세'라는 인센티브를 이용하여 경쟁원리를 끌어내기 위한 이유가 가장 크다. '출세'를 한 사원은 명함을 보고 태도가 달라지는 외부사람들의 대응에 성취감을 느끼며, 그 사람들이 대접해 주는 화려한 무대에도 참석할 수 있다. 게다가 직함이 바뀌면 사회적 평가도 더불어 달라진다는 것을 너무나 잘 알고 있다.

최근 일본에서는 낡은 체질의 대기업에서도 SBU(Small Business Unit)를 활성화시키기 위한 조직 재개편이 활발하다. 중국최대의 가전메카인 하이얼이 표방한 '포지션 보스' 또는 '포지션 CEO' 즉 '사원=임원'이 좋은 모델이 되고 있다.

그러나 직함을 가지고 이리저리 궁리하는 것보다는 직함의 효용을 사원의 사기고양과 마케팅 관점에서 재고해야 할 때가 도래했다고 본다.

# 일본전산(日本電産)
### にほんでんさん

　일본전산의 사장 나가모리 시게노부(永森重信)는 전산 엔지니어 출신으로 1973년 사장을 포함한 단 네 명의 인원으로 세 평짜리 시골 창고에서 시작해, 2008년 말 현재 계열사 140개에 직원 13만명을 거느린 매출 8조 원의 막강한 기업의 CEO이다. 2001년에는 소니, 마쓰시타, 혼다, 도요타, 캐논에 이어 뉴욕 증권거래소에 상장하는 대기업으로 성장시킨 장본인이이며, 월 스트리트 저널이 뽑은 '세계에서 가장 존경받는 CEO 30인' 에 선정되었다. 이처럼 일본전산을 세계적인 기업으로 성장시킨 원동력은 과연 무엇인가?

　일본전산의 모토는 '즉시 한다(Do it now), 반드시 한다(Do it without fail), 될 때까지 한다(Do it until completed)' 이다. 이러한 모토는 창업 직후 '오일쇼크 강타', 성장기에 '10년 불황 강타' 등의 위기에 처했을 때도 굳건히 성장을 계속하여 세계적인 초일류 기업 일본전산을 만들어냈다고 해도 과언이 아니다.

　또 그는 '밥 빨리 먹기', '큰소리로 말하기', '화장실 청소하기' 등 파격적인 입사 시험을 통해 삼류 인재들을 등용, 세계 초일류 기업과의 경쟁에서 당당히 승리한 인재 전략을 실천하고 있다. 냉혹한 무한경쟁 시대! 기업이 살아남기 위해서는 어떻게 해야 하는가에 대한 대답으로 나가모리는 많은 기업들이 사원들에게 '거래처를 응대하는 방법'이나 '상대에게 그럴 듯하게 보이는 스킬'을 가르치느라 시간을 허비하고 있다는 따끔한 지적을 한다. 일본전산에서는 상대가 어떤 말을 하건 모두 듣고, 빠짐없이 적고, 돌아오는 즉시, 그리고 반드시 그 문제를 해결하고, 혼자서 안 되면 둘이서 토론하고, 토론으로 안 되면 밤을 새워 실험을 해서라도 반드시 결과를 내라고 사원들에게 가르치고 있다.

　"위대한 성과를 낸 기업이나 개인들은 모두 그들이 가진 제한적인 자원이나 능력을 뛰어넘는 원대한 야망을 가지고 있었다"고 강조하는 그의 지적에서 앞으로 기업이 가야 할 방향을 제시하고 있다.

참조　『일본전산 이야기』, 김성호 지음, 쌤앤파커스

# 제4장

# 상담 商談

■ 상담을 성공적으로 이끌기 위해서는 사전에 만반의 준비를 갖춘다.

■ 가격협상 등 민감한 문제에 있어서는 한 발 양보할 수 있는 여유를 갖는다.

■ 샘플 설명회, 신제품 발표회 등은 자사의 상품을 보다 효과적으로 선전할 수 있는 기회이므로 제품의 특징을 일목요연하게 설명한다.

■ 협상이 결렬되더라도 다음 기회를 생각하여 신용을 잃지 않는 언행을 한다.

■ 모르는 상황에 대해서는 추측하여 얘기하지 않는 것이 좋다.

## 1 신제품 설명회 新製品の説明会

이런 상황 생각해 봅시다

黒田　今日は貴社の新製品のサンプルの説明ですね。

松　はい、これが新製品のサンプルでこざいます。この前カタログと値段表は
郵便でお送りしましたが、ご覧になりましたでしょうか。

黒田　カタログって何ですか。全然分かりませんが。

松　えっ、確かに「輸入部の黒田様」と書いて送ったはずですが。❶

黒田　あの、ここは「輸出部」です。輸入部にも黒田という人がおります。

松　（あわててしまう）大変申し訳ございません。

今日はサンプルしか持って来てませんが。

黒田　仕方がありませんね。ご説明を参考しますから、どうぞ。

松　それでははじめます。このB201とB203は30代から40代の中年女性向け
の漢方化粧品です。当社で10年間に渡って研究し続けた結果、しわ防
止と潤いを保つ機能が大変すぐれた製品を開発いたしました。

黒田　重要成分は何ですか。

松　あ、それが、全部漢方薬になる材料で日本語では分かりかねます。❷

ケースの裏の成分表に漢字で書いてありますから、ご参考ください。

黒田　あ、ありますね。

でも、字があまりにも小さすぎてよく読めないんですね。

松　どうもすみません。そこまで気が付きませんでした。

| | |
|---|---|
| 구로다 | 오늘은 귀사의 신제품 샘플 설명회지요. |
| 송 | 예, 이것이 신제품 샘플입니다. 일전에 카탈로그와 가격표는 우편으로 보냈는데 보셨지요? |
| 구로다 | 카탈로그라뇨? 전혀 모르겠는데요. |
| 송 | 예? 분명히 '수입부의 구로다 귀하'라고 써서 보냈는데요. |
| 구로다 | 저, 여기는 '수출부'입니다. 수입부에도 구로다라는 사람이 있습니다. |
| 송 | (당황한다) 대단히 죄송합니다. 오늘은 샘플밖에 가지고 오지 않았는데요. |
| 구로다 | 할 수 없지요. 설명을 참고할 테니까 하시죠. |
| 송 | 그럼 시작하겠습니다. 이 B201과 B203은 30대에서 40대 중년 여성 대상의 한방 화장품입니다. 당사에서 10년 간에 걸쳐 연구를 계속한 결과, 주름 방지와 윤기 보전 기능이 대단히 뛰어난 제품을 개발했습니다. |
| 구로다 | 주요 성분은 뭐죠? |
| 송 | 저, 그게 전부 한방약이 되는 재료인데, 일본어로는 잘 모르겠습니다. 케이스 뒤의 성분표에 한자로 쓰여 있으니 참고하세요. |
| 구로다 | 아, 있군요. 근데 글씨가 너무 작아서 잘 읽을 수가 없군요. |
| 송 | 대단히 죄송합니다. 거기까지 미처 생각하지 못했습니다. |

---

**새로운 단어**

値段表 가격표

ご覧になる 보시다('見る'의 존경어)

中年女性向け 중년 여성용

しわ防止 주름방지

小さすぎる 너무 작다

気がつく 알아차리다

ご参考ください 참고해 주십시오

分かりかねる 알 수 없다('~かねる'는 동사의 ます형에 접하여 ~어렵다라는 의미)

お送りする 보내다('送る'의 겸양어)

あわてる 당황하다

10年間に渡って 10년에 걸쳐서

潤いを保つ 윤기를 보전하다

読めない 읽을 수 없다

ケースの裏 케이스 뒷면

❶ 설명회에 앞서 **카탈로그 등을 우편으로 보낼 때**는 수취인의 주소는 물론 이름 등을 **명확히 기재하여 보내고, 도착 여부를 확인**하는 것도 좋다.

❷ 제품설명회는 제품에 대한 정보를 보다 명확하게 제공해주는 것이므로, 제품에 대한 어떠한 질문에도 답할 수 있도록 사전에 준비해야 한다. 특히 일본어로 **제품설명을 해야 하는 경우에는 전문용어에 특별히 유념하여 준비**하는 것이 좋다.

---

**Expression**

「~中」의 読み

▶ 「ちゅう」로 읽는 경우 – 어떤 상태가 계속되고 있는 경우나, 기간이나 범위의 「속, 안」을 의미한다.

| | | |
|---|---|---|
| 話し中 이야기 중·통화 중 | 会議中 회의 중 | 進行中 진행 중 |
| 工事中 공사 중 | 今週中 금주 중 | 来客中 내객 중 |
| 多忙中 바쁘신 와중 | | |

▶ 「じゅう」로 읽는 경우 – 공간적으로 그 범위에 포함되거나, 시간적으로는 일정 기간 계속되고 있는 경우

| | | |
|---|---|---|
| 世界中 세계 도처(전 세계) | 一日中 하루종일 | 年中無休 연중무휴 |
| 体中 온몸·몸 전체 | 家中 온 집안 | |

**1**　このジャケットは20代から30代をターゲットにしたものです。

　　　　　40代から50代の女性

　　　　　10代の青少年

이 재킷은　　　　20대에서 30대를　　　타깃으로 한 것입니다.
　　　　　　　　40대에서 50대 여성
　　　　　　　　10대 청소년


**2**　色は黒と紺とワインの三種類です。

　　　　白と紫と赤

　　　　青と灰色と銀色

색깔은　검정, 감색, 와인　　　세 종류가 있습니다.
　　　흰색, 보라, 빨강
　　　파랑, 회색, 은색


**3**　デザインは今、全世界的に流行っているミリタリー・ルックにしました。

　　　　　　　ヨーロッパで　　　　　　マリン・ルック

디자인은 지금　　전 세계적으로　유행하고 있는 밀리터리룩으로 했습니다.
　　　　　　　유럽에서　　　　　마린룩


**4**　日本向けの商品にはもうすこし派手な色を取り揃えるつもりです。

　　　　　多少地味な色

　　　　　若者が好むデザイン

일본 대상 상품에는　　좀더 화려한 색을　　　　갖출 생각입니다.
　　　　　　　　　　다소 수수한 색
　　　　　　　　　　젊은이가 좋아하는 디자인

**5** 今のところは5,600円となっておりますが、折り合いはつくと思います。
9,500円

지금 현재는　5,600엔으로　책정되어 있습니다만, 절충은 가능합니다.
9,500엔

---

🔊 실전 회화 연습 ────────────────────

韓　　それでは当社の新製品の革ジャケットについてご説明させていただきます。このジャケットは20代から30代をターゲットにしたものです。
色は黒と紺とワインの三種類です。素材は羊皮で大変柔かくて、さわりの感じのよい製品でございます。デザインは今、全世界的に流行っているミリタリー・ルックにしました。
サイズはS、M、L、XLとなっております。

広田　　色は三つしかありませんか。もうすこしあったほうがいいじゃありませんか。
最近日本の若者は派手な色を好んでいるようで、もうちょっと明るい色がほしいですが。

韓　　あ、確かにそうですね。色は今のところ三色ですが、日本向けの製品にはもうすこし派手な色を取り揃えるつもりですので、ご希望の色をおっしゃってください。

広田　　それからサイズのことですが、S、M、L、XLの四つだけではちょっとね。近頃は何だか、より大きなサイズを選んでいるようです。

韓　　はい、承知しました。サイズのほうにも十分検討いたします。

広田　　それから肝心な値段はどのぐらいですか。卸売価格でおっしゃってください。

韓　　はい、今のところは5600円となっておりますが、折り合いはつくと思います。

広田　　そのくらいなら手ごろな値段ですね。

| 한 | 그럼 당사의 신제품인 가죽 재킷에 대해 설명 드리겠습니다. |
|---|---|
| | 이 재킷은 20대에서 30대를 타깃으로 한 것입니다. 색은 검정, 감색, 와인 세 종류입니다. 소재는 양가죽으로 대단히 부드럽고 촉감이 좋은 제품입니다. |
| | 디자인은 지금 전 세계적으로 유행하고 있는 밀리터리룩으로 했습니다. |
| | 사이즈는 S, M, L, XL이 있습니다. |
| 히로타 | 색은 세 가지 밖에 없습니까? 좀더 있는 것이 좋지 않을까요? 요즘 일본 젊은이는 화려한 색을 좋아하는 것 같으니까, 좀더 밝은 색이 필요한데요. |
| 한 | 아, 확실히 그렇죠. 색은 지금 현재로는 3색밖에 없지만, 일본 대상 상품에는 좀더 화려한 색을 구비할 생각이오니, 희망하시는 색깔을 말씀해주십시오. |
| 히로타 | 그리고 사이즈 말인데요, S, M, L, XL 의 네 개밖에 없는 것은 좀 그러네요. |
| | 요즘은 왠지 보다 큰 사이즈를 고르는 것 같아요. |
| 한 | 예, 알겠습니다. 사이즈 쪽도 충분히 검토하겠습니다. |
| 히로타 | 그리고 중요한 가격은 어느 정도입니까? 도매가격으로 말씀해주십시오. |
| 한 | 예, 지금 현재로는 5,600엔으로 책정되어 있습니다만, 절충은 가능합니다. |
| 히로타 | 그 정도면 적당한 가격이네요. |

**새로운 단어**

革(かわ)ジャケット 가죽 재킷

ターゲット 타깃

さわりの感(かん)じのよい製品(せいひん) 촉감이 좋은 제품

ミリタリー・ルック 밀리터리룩(군인복장)

明(あか)るい色(いろ) 밝은 색상

日本向(にほんむ)けの製品(せいひん) 일본 대상 제품

承知(しょうち)する 알다(「分(わ)かる」의 겸양어)

卸売価格(おろしうりかかく) 도매 가격

折(お)り合(あ)いはつく 절충(타협)은 가능하다

ご説明(せつめい)させていただきます 설명 드리겠습니다

羊皮(ひつじがわ) 양가죽

流行(はや)る 유행하다

派手(はで)な色(いろ)を好(この)む 화려한 색상을 좋아하다

近頃(ちかごろ) 요즘, 최근

色(いろ)を取(と)り揃(そろ)える 색깔을 골고루 갖추다

肝心(かんじん)な値段(ねだん) 중요한 가격

今(いま)のところ 지금 현재

手(て)ごろな値段(ねだん) 적당한 가격

▶ 비즈니스 기본 표현

**1** 貴社の新製品の展示会を楽しみにしておりました。
新車発表
製品の説明会

| 귀사의 | 신제품 전시회를 | 기대하고 있었습니다. |
| | 신차 발표 | |
| | 제품 설명회 | |

**2** 「JX331」洗濯機についてご説明させていただきます。
キムチの漬け方
組立て方

| 「JX331」세탁기에 | 대해 설명해드리겠습니다. |
| 김치 담그는 방법 | |
| 조립 방법 | |

**3** 今まで不可能だった洗剤なしの洗濯ができるようになりました。
無線インターネット
ヌードテレビ

| 지금까지 불가능했던 | 세제 없는 세탁이 | 가능하게 되었습니다. |
| | 무선 인터넷 | |
| | 투명 TV | |

**4** セラミックは取り替えできます。
電池
フィルム

| 세라믹은 | 교환 가능합니다. |
| 건전지 | |
| 필름 | |

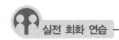
向井　本日はご多忙中にもかかわらず当社の展示会にご参席いただき、大変あ
　　　りがとうございます。

文　　ご丁寧にどうも。貴社の新製品の展示会を楽しみにしておりました。

　　　いつも一足早く新製品をご展示されるので、感心しております。

向井　ほめていただき恐縮でございます。

　　　それでは今日は今度の展示品の中で一番注目されております「JX331」洗
　　　濯機についてご説明させていただきます。

　　　まず「JX331」は数年間の研究を続けた結果、今まで不可能だった洗剤な
　　　しの洗濯ができるようになりました。

文　　それはすごいですね。

　　　そしたら洗剤のかわりにどんなものを使いますか。

向井　はい、このセラミックのかたまりを1個入れるだけで結構です。

　　　このセラミックで約50回分の洗濯ができます。お水や洗剤の節約は勿論、
　　　環境汚染の防止にもすぐれた洗濯機でございます。

文　　そのセラミックはどこでも買えますか。

向井　いいえ、このセラミックは「JX331」とセットで発売されております。セラミッ
　　　クは取り替えできますし、代理店で買えます。

文　　洗濯機の値段は結構高いでしょうね。

向井　今のところは20万円代ですが、どんどん安くなると思います。

---

무카이　오늘은 바쁘신 와중에도 당사 전시회에 참석해주셔서, 대단히 감사합니다.

문　　　정중하게 감사드립니다. 귀사의 신제품 전시회를 기대하고 있었습니다.
　　　　늘 한발 앞서 신제품을 전시하시기 때문에 감탄하고 있습니다.

무카이　칭찬을 받으니 황송합니다. 그러면 오늘은 이번 전시품 중에서 가장 주목받고 있는 'JX331'세탁기에 대해
　　　　설명 드리겠습니다. 우선 'JX331'은 수년 간의 연구를 거듭한 결과, 지금까지 불가능했던 세제 없는 세탁

이 가능하게 되었습니다.

문　　　그거 대단하군요.
　　　　그러면 세제 대신 어떤 것을 사용합니까?
무카이　예, 세라믹 덩어리를 1개 넣기만 하면 됩니다. 이 세라믹으로 약 50회분의 세탁이 가능합니다.
　　　　물이나 세제 절약은 물론 환경오염 방지에도 뛰어난 세탁기입니다.
문　　　그 세라믹은 아무데서나 살 수 있습니까?
무카이　아니요. 이 세라믹은 'JX331'과 세트로 발매되고 있습니다.
　　　　세라믹은 교환 가능하고, 대리점에서 살 수 있습니다.
문　　　세탁기 가격은 아주 비싸겠지요?
무카이　현재로는 20만 엔대이지만, 점점 싸질 겁니다.

**새로운 단어**

ご多忙中 바쁘신 와중
ご丁寧に 정중하게
一足速い 한발 빠르다(앞서다)
ほめていただく 칭찬해주시다
洗剤なしの洗濯 세제를 사용하지 않는 세탁
かたまり 덩어리
節約 절약
取り替えできる 교환 가능하다
どんどん安くなる 점점 싸지다
結構高い 꽤 비싸다

ご参席いただく 참석해주시다
楽しみにする 기대하다
感心する 감탄하다
恐縮でございます 몸둘 바를 모르겠습니다.
セラミック 세라믹
入れるだけで結構だ 넣는 것만으로 해결된다
環境汚染の防止にもすぐれる 환경오염 방지에도 뛰어나다
セットで発売する 세트로 발매하다
発売されている 발매되고 있다

# 見積書の依頼
# 견적서 의뢰

## 1 할인 値引き

岡本　A製品について至急見積書をお願いしたいんですが。

坂本　A製品ですね。はい、分かりました。

　　　午後3時までに御社へお伺いいたします。

《午後3時》

岡本　さっそくですが、見積書で貴社が提示された単価なんですが、すこし高い

　　　ようです。

　　　もうすこし考え直していただけませんか。

坂本　申し訳ございませんが、これ以上の値引きは困ります。商売になりませ

　　　んよ。❶

岡本　製品テストの結果、品質は大変気に入りました。値段のほうをもうすこし

　　　検討していただけないでしょうか。

坂本　それは無理です。検討するまでもありませんよ。❷

........................................................................

오카모토　A제품에 대해 속히 견적서 부탁드리고 싶은데요.

사카모토　A제품이요, 예 알겠습니다.

　　　　　오후 3시까지 귀사로 찾아뵙겠습니다.

　　　　　《오후 3시》

오카모토　본론으로 들어가서, 견적서에서 귀사가 제시하신 단가 말씀인데요, 다소 비싼 것 같군요.

　　　　　좀 재고해주시겠습니까?

사카모토　죄송합니다만, 이 이상 할인은 곤란합니다. 채산이 맞지 않습니다.

오카모토　제품 테스트 결과, 품질은 대단히 맘에 들었습니다.

　　　　　가격 쪽을 좀더 검토해주시지 않겠습니까?

사카모토　그건 무리입니다. 검토할 것까지도 없습니다.

至急 속히, 긴급으로

見積書 견적서

さっそくですが 본론으로 들어가서

高いようだ 비싼 것 같다

単価 단가

気に入る 마음에 들다

考え直していただけませんか 다시 한번 생각해주실 수 없겠는지요?

値引き 가격을 깎음

商売 사업, 장사

困る 곤란하다

商売にならない 직역하면 '장사가 안 된다'는 의미지만, 여기서는 '채산이 맞지 않다'는 의미

検討していただけないでしょうか 검토해주실 수는 없는지요?

検討するまでもありません 검토할 것도 없습니다

**Business Tip**

❶ 거래에서 상품의 가격 협상은 중요한 요소 중의 하나이다. 상대는 보다 싼 가격에 구매하려고 하고, 팔려고 하는 쪽은 보다 높은 가격을 받으려고 하기 때문이다. 이때 상대가 제시한 가격을 일언지하에 딱 잘라, 협상의 여지도 없는 듯한 인상을 주는 것은 무모한 행동이다. 상대가 제시한 가격이 생각보다 지나치게 낮다고 하더라도 천천히 절충 가격을 정해 가는 것이 좋다.

❷ 만약 협상이 결렬되더라도 이번 한번으로 끝나는 것이 아니라, 앞으로의 거래도 생각하여 신중하게 처신하는 것이 좋을 것이다.

▶ 비즈니스 기본 표현

**1** A商品の**カタログと価格表**、ご覧になっていただけましたか。
　　　　**材料と品質保証書**
　　　　**企画書と見積書**

A상품의　　카탈로그와 가격표　　　보셨습니까?
　　　　　재료와 품질 보증서
　　　　　기획서와 견적서

**2** 一つお**聞**きしたいのですが、この**価格**よりすこし**下**げてもらえませんか。
　　　　**提案したい**
　　　　**お願いしたい**

한 가지 여쭙고 싶은데,　　　　　　이 가격에서 좀더 깎아줄 수는 없습니까?
　　　 제안하고 싶은데
　　　 부탁드리고 싶은데

**3** 当社としましては2%割引きが精一杯ですね。
　　　　　**3%値上げ**
　　　　　**これ くらい**

당사로서는　　　　2% 할인이　　최대한입니다.
　　　　　　　　 3% 인상
　　　　　　　　 이 정도

**4** 今回に限って3%割引きいたしましょう。どうかこの線でまとめてもらえますか。
　　　　**卸売価格にいたしましょう。**
　　　　**送料なしにいたしましょう。**

이번에 한해　　3% 할인합시다.　　　　　　어떻게 이 선에서 매듭지을까요?
　　　　　　　도매가격으로 합시다
　　　　　　　송료 없이 합시다

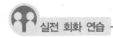 

金　A商品のカタログと価格表、ご覧になっていただけましたか。

白川　はい、拝見しました。一つお聞きしたいのですが、この価格よりすこし下げてもらえませんか。

金　値段ですか。当社としましては2%割引きが精一杯ですね。

これ以上の値引きはちょっと難しいですね。

白川　価格によっては追加注文も考えておりますが、何とかできないでしょうか。

金　それは大変ありがとうございます。

当社ではコスト・ダウンに努めてはおりますが、最近原材料が上がって、これ以上は無理ですね。

白川　貴社の製品のよさは十分わかっております。

今回に限って3%割引きいたしましょう。

どうかこの線でまとめてもらえますか。

金　仕方ありませんね。

それじゃ、今回に限って3%引かせていただきます。

---

김　A상품의 카탈로그와 가격표, 보셨습니까?

시라가와　예, 봤습니다. 한 가지 여쭙고 싶은데요, 이 가격에서 좀더 깎아줄 수는 없습니까?

김　가격 말인가요? 당사로서는 2% 할인이 최대한입니다.

이 이상의 할인은 좀 어려운데요.

시라가와　가격에 따라서는 추가 주문도 생각하고 있습니다만, 어떻게 안 될까요?

김　그 점은 대단히 감사합니다.

당사로서는 코스트 다운에 노력하고는 있습니다만, 최근 원자재가 올라서 이 이상은 무리네요.

시라가와　귀사 제품의 우수성은 충분히 알고 있습니다.

이번에 한해 3% 할인합시다.

어떻게, 이 선에서 매듭지을까요?

김　할 수 없죠. 그럼 이번에 한해서 3% 할인해드리겠습니다.

カタログ 카탈로그

ご覧になっていただけましたか 보셨는지요?

拝見する 보다(「見る」「読む」의 겸양어)

値引き 할인

精一杯だ 최대한이다

追加注文 추가주문

コスト・ダウン 코스트(원가)다운

製品のよさ 제품의 우수함

この線でまとめてもらえますか 이 선에서 매듭지을까요?

引かせていただく 깎아드리다, 할인해드리다

▶ 불량품에 관련된 표현

1  カートンを開けてみたら、虫がついていました。

카턴을 열어 보았더니 벌레가 먹어 있었습니다.

2  ケースをオープンしてみたら、かびがついていました。

케이스를 오픈해 보았더니 곰팡이가 쓸어 있었습니다.

3  ボックスを取ってみたら、変色になっていました。

박스를 뜯어 보았더니 변색이 되어 있었습니다.

4  箱を開いてみたら、割れ物になっていました。

상자를 개봉해 보았더니 물건이 깨져 있었습니다.

▶ **비즈니스 기본 표현**

**1** この前お送りいたしましたサンプルはご検討なさいましたか。
新製品
見本

일전에 보내드린　　　　　　　　샘플은　　　　　검토하셨습니까?
　　　　　　　　　　　　　　　신제품
　　　　　　　　　　　　　　　견본

**2** ご存じのように良質の製品を作るために他社よりよい材料を使っております。
高価の原料
上等の調味料

아시는 바와 같이 양질의 제품을 만들기 위해 타사보다　　　좋은 재료를　　사용하고 있습니다.
　　　　　　　　　　　　　　　　　　　　　　　　　　고가의 원료
　　　　　　　　　　　　　　　　　　　　　　　　　　고급 조미료

**3** 貴社のご要求どおり値引きさせていただきたいですが、この条件ではとても採算がとれません。
当社が送料を払うといいですが
デザインを変えたいですが

귀사의 요구대로　　　　할인해드리고 싶습니다만,　　　　　이 조건으로는 정말이지 채산이 맞지 않습니다.
　　　　　　　　　　　당사가 송료를 지불하면 좋겠지만
　　　　　　　　　　　디자인을 바꾸고 싶지만

**4** それでは2～3日中に数量と価格を入れた見積書をメールで送ってください。
納品の期限と支払い条件
代金の振り込み銀行

그럼 2~3일 안에　　　　수량과 가격을 적은 견적서를　　　메일로 보내주세요.
　　　　　　　　　　　납품 기한과 지불 조건
　　　　　　　　　　　대금 불입 은행

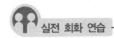

王 この前お送りいたしましたサンプルはご検討なさいましたか。

原本 はい、検討しました。ところで、他社の製品に比べて価格が割高なほうですが。

王 ご存じのように良質の製品を作るために他社よりよい材料を使っております。ですから一度購入されたお客様からの再購入率が非常に高い製品です。

原本 品質のよさは十分分かりますが、この価格では当社としては厳しいですね。5%安くできませんか。

王 我が社としても貴社のご要求どおり値引きさせていただきたいですが、この条件ではとても採算がとれません。

原本 貴社とは長い間お取引いただいておりますし、何とかお願いします。

王 では、3%くらいでいかがでしょうか。

原本 そうですか、それでは2～3日中に数量と価格を入れた見積書をメールで送ってください。契約はその後、日を改めてしましょう。

........................................................

왕　　　일전에 보내드린 샘플은 검토하셨습니까?

하라모토　예, 검토했습니다. 그런데, 타사 제품에 비해 가격이 비교적 비싼 편이네요.

왕　　　아시는 바와 같이 양질의 제품을 만들기 위해 타사보다 좋은 재료를 사용하고 있습니다.
　　　　때문에 한 번 구입하신 손님의 재구입률이 상당히 높은 제품입니다.

하라모토　품질의 우수함은 충분히 알고 있습니다만, 이 가격으로는 당사로서는 어렵습니다.
　　　　5% 싸게 안 될까요?

왕　　　저희 회사로서는 귀사의 요구대로 할인해드리고 싶습니다만, 이 조건으로는 도저히 채산이 맞지 않습니다.

하라모토　귀사와는 오랫동안 거래해 왔으니까, 모쪼록 부탁합니다.

왕　　　그럼, 3% 정도가 어떨까요?

하라모토　그러세요? 그럼, 2～3일 안에 수량과 가격을 적은 견적서를 메일로 송부해 주세요.
　　　　계약은 그 후 날을 다시 잡아서 하지요.

割高<sub>わりだか</sub>なほうだ 다소 비싼 편이다

非常<sub>ひじょう</sub>に 상당히, 퍽

購入<sub>こうにゅう</sub>される 구입하시다

値引<sub>ねび</sub>きさせていただきたい 할인해드리고 싶다

当社<sub>とうしゃ</sub>としては厳<sub>きび</sub>しい 당사로서는 어렵다

我<sub>わ</sub>が社<sub>しゃ</sub>としても 저희 회사로서도

採算<sub>さいさん</sub>が取<sub>と</sub>れない 채산이 맞지 않는다

長<sub>なが</sub>い間<sub>あいだ</sub> 오랫동안

何<sub>なん</sub>とか 어떻게든, 모쪼록

お取引<sub>とりひき</sub>いただく 거래하다

日<sub>ひ</sub>を改<sub>あらた</sub>めてする 다시 날을 잡아서 하다

---

**Expression**

▶ 원가 인상에 대한 표현

1 大変申<sub>たいへんもう</sub>し訳<sub>わけ</sub>ございませんが、人件費<sub>じんけんひ</sub>の高騰<sub>こうとう</sub>で5%アップになりました。
대단히 죄송합니다만, 인건비 급등으로 5% 올랐습니다.

2 原副資材<sub>げんふくしざい</sub>のうなぎのぼりで、やむを得<sub>え</sub>ず値上<sub>ねあ</sub>げすることになりました。
원부자재의 급등으로 하는 수 없이 인상하게 되었습니다.

3 この度<sub>たび</sub>は為替相場<sub>かわせそうば</sub>の変動<sub>へんどう</sub>で、3%アップになりました。
이번에는 환율시세 변동으로 3% 올랐습니다.

# 契約の結び
# 계약 체결

## 1 대답을 기다리다 返事を待つ

**이런 상황 생각해 봅시다**

ジョン
田　今日はこの前申しました契約の件で、お返事いただけるとおっしゃって参りました。もう結論は出ましたか。

おか べ
岡部　大変申し訳ございません。その件はまだ検討中ですが。

ジョン
田　え、まだ検討中ですか。

確か今週中にお返事いただけるとおっしゃいましたね。❶

おか べ
岡部　連絡が遅れて申し訳ございません。

私の海外出張で、その件についての結論がまだ出ておりません。

来週のはじめごろには何とかお返事できると思います。

大変申し訳ございません。

ジョン
田　また来週まで待たなければなりませんか。

仕方ありませんね。❷

来週のはじめに確かにお返事いただけますね。

では、お待ちしております。

............................................................

전　　　오늘은 일전에 말씀드렸던 계약 건으로, 답을 주신다고 하셔서 왔습니다. 이제 결론이 났습니까?

오카베　대단히 죄송합니다. 그 건은 아직 검토 중인데요.

전　　　예? 아직 검토 중이라고요? 분명히 금주 중에 답을 주실 수 있다고 말씀하셨죠?

오카베　연락이 늦어져 죄송합니다.

제 해외 출장으로 그 건에 대한 결론이 아직 나지 않았습니다.

다음 주 초쯤은 어쨌든 답을 드릴 수 있을 겁니다. 대단히 죄송합니다.

전　　　또 다음 주까지 기다려야 합니까?

도리 없지요. 다음 주 초엔 확실히 답을 주실 수 있는 거죠?

그럼 기다리겠습니다.

契約の結び 계약체결

お返事いただける 대답을 들을 수 있다

確か 분명히, 확실히

連絡が遅れる 연락이 늦어지다

来週のはじめごろ 다음주 초쯤

お返事できる 대답이 가능하다

待たなければならない 기다려야 한다

お待ちしております 기다리고 있겠습니다

---

**Business Tip** ──────────────────────────────○

❶  상대로부터 계약 성사에 대한 확답을 받기로 약속한 경우라도, 회사의 사정상 결정을 미루거나, 아직 검토 중인 경우 등 여러 가지 경우가 있을 수 있다. 이때 너무 **계약확답을 밀어붙이며 강요하는 듯한 인상을 주면** 상대에게 부담감을 넘어 불쾌감을 주는 경우도 비일비재하다. 결정을 지연하고 있는 사실에 대해 불쾌한 감정을 드러내며 종용하는 것은 오히려 일을 그르치기 쉬우므로 신중히 행동해야 한다.

❷  상대가 어떤 사항에 대해 결정을 미루고 있는지를 꼼꼼하게 살펴서 해결의 실마리를 찾아가는 것도 하나의 방법이다.

▶ 비즈니스 기본 표현

**1** 当社が自信をもって**お勧めいたします**商品ですが、いかがでしょうか。
　　　　　　　　　　　　**開発いたしました**
　　　　　　　　　　　　**製作いたしました**

당사가 자신을 가지고　　추천드리는　　　　상품인데, 어떠세요?
　　　　　　　　　　개발한
　　　　　　　　　　제작한

**2** 価格とかデザインは気に入ってますが。
　　**色合いとかサイズ**
　　**生地とか縫い目**

가격이나 디자인은　　맘에 듭니다만.
색상이라든지 사이즈
원단이라든지 바느질

**3** このジャケットの色合いのことですが、もうすこし目立つ色に変えるのはいかがですか。
　　　　　　　　　　　　　　　　　　　　　**派手な色**
　　　　　　　　　　　　　　　　　　　　　**地味な色**

이 재킷의 색상 말인데요, 좀더　　　　　　눈에 띄는 색으로　바꾸는 것은 어떨까요?
　　　　　　　　　　　　　　　　　　화려한 색
　　　　　　　　　　　　　　　　　　수수한 색

**4** 割引きしないかわり、品質にはくれぐれも気を付けてください。
　**送料を払う**
　**梱包しない**

할인하지 않는 대신　　품질에는 부디 신경을 써주세요.
우송료를 지불하는
포장하지 않는

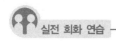 

朴 当社が自信をもってお勧めいたします製品ですが、いかがでしょうか。

山田 はい、価格とかデザインは気に入ってますが、サイズは今までのものより一回り大きいものにしていただけますか。

朴 はい、それは工場との折合いがつくと思います。サイズ別に一回り大きくするようにいたします。

山田 それから、このジャケットの色合いのことですが、もうすこし目立つ色に変えるのはいかがですか。最近の若者は原色を好んでいるようですからね。

朴 あ、色合いのほうはご希望どおりできると思います。この前のサンプルよりは鮮やかな原色に近いです。

山田 割引きしないかわり、品質にはくれぐれも気を付けてください。

朴 はい、承知いたしました。

今おっしゃったことを契約書に入れておきました。どうぞご覧ください。

山田 はい、確かに書いてありますね。

朴 今回はどうもありがとうございました。最善を尽してご希望に添えるように精一杯努力いたします。

---

박 당사가 자신을 가지고 추천해드리는 상품인데, 어떠세요?

야마다 예, 가격이나 디자인은 마음에 드는데, 사이즈는 지금 것보다 한 치수 더 크게 해주시겠습니까?

박 예, 그건 공장과 협조가 될 겁니다. 사이즈별로 한 치수 크게 하겠습니다.

야마다 그리고 이 재킷의 색상 말인데요, 좀더 눈에 띄는 색으로 바꾸는 것은 어떨까요?
요즘 젊은이들은 원색을 좋아하는 것 같은데요.

박 아, 색상 쪽은 희망하신 대로 될 겁니다. 일전의 샘플보다 선명한 원색에 가깝습니다.

야마다 할인하지 않는 대신, 품질에는 부디 신경 써주십시오.

박 예, 알겠습니다. 지금 말씀하신 것을 계약서에 써 놓았습니다. 보세요.

야마다 예, 확실히 쓰여 있군요.

박 이번엔 대단히 감사합니다. 최선을 다해서 희망에 부응토록 최대한 노력하겠습니다.

새로운 단어

お勧めいたす 추천해드리다

気に入る 마음에 들다

一回り大きい 한 사이즈 큰

折合いがつく 협조가 되다

色合い 색조, 색상

目立つ色 눈에 띄는 색

原色を好む 원색을 좋아하다

ご希望どおり 희망하시는 대로

割引きしないかわり 값을 깍지 않는 대신

くれぐれも 부디

最善を尽す 최선을 다하다

ご希望に添える 희망에 부합되다

精一杯努力する 최대한 노력하다

## Expression

▶ 흥정에 관한 표현

1 もうすこし負けてもらえませんか。
   좀 더 깎아 줄 수 없나요?

2 ちょっと安くなりませんか。
   좀 싸게 안 될까요?

3 もうすこし安くしてもらえませんか。
   좀 더 싸게 해 주실 수는 없는지요?

4 たくさん買ったらすこし負けてもらえますか。
   많이 사면 좀 깎아 주시나요?

▶ 비즈니스 기본 표현

**1** 何でもお聞きになってください。
　　　お使いになって
　　　お飲みになって

뭐든지　질문해　주세요.
　　　사용해
　　　마셔

**2** 貴社で提示された価格は私どもの思っていたのと開きがありますね。
　　　送付されたサンプル
　　　出荷した製品

귀사에서　제시하신 가격은　　　저희들이 생각했던 것과 차이가 있군요.
　　　송부하신 샘플
　　　출하한 제품

**3** この場で注文したいのですが、　いかがでしょうか。
　　もう少し検討して
　　明日でも

이 자리에서 주문하고 싶은데, 어떠세요?
좀더 검토하고
내일이라도

**4** 多量注文の場合はできるだけご希望に添えるよう努めております。
　　規格製品
　　追加注文

다량주문의　　경우는 가능한 한 희망하신 대로 맞추도록 노력하고 있습니다.
규격제품
추가주문

韓　この前の見積書はよく拝見しました。

その中でいくつか確認したいことがありますが。

向井　はい、何でもお聞きになってください。

韓　原材料の高騰の理由もあると思いますが、貴社で提示された価格は私ども

の思っていたのと開きがありますね。

向井　あ、そうですか。どのぐらいをお考えになってますか。

韓　一個につき1ドル10セントでできますなら、この場で注文したいのですが、

いかがでしょうか。

向井　多量注文の場合はできるだけご希望に添えるよう努めております。

韓　今回は一応、5000個注文しようかと思っていますが。

向井　5000個ですか。それではご提示の価格で提供させていただきます。

韓　納品は来月の十日までに船便でお願いしたいんですが、できますか。

向井　在庫は十分ありますから、すぐ出荷できると思います。

それでは今の条件で契約書を書きましたので、どうぞご確認お願いします。

.........................................................................................

| | |
|---|---|
| 한 | 일전의 견적서는 잘 봤습니다. |
| | 그 중에서 몇 가지 확인하고 싶은 게 있어서요. |
| 무카이 | 예, 뭐든지 질문해주십시요. |
| 한 | 원자재 급등의 이유도 있으리라고 생각합니다만, 귀사에서 제시하신 가격은 저희가 생각했던 것과 차이가 있군요. |
| 무카이 | 아, 그러십니까? 어느 정도 생각하고 계신지요? |
| 한 | 한 개당 1달러 10센트에 가능하다면 이 자리에서 주문하고 싶은데, 어떠세요? |
| 무카이 | 다량 주문의 경우는 가능한 한 희망하신 대로 맞추도록 노력하고 있습니다. |
| 한 | 이번에는 일단 5,000개 주문하려고 하는데요. |
| 무카이 | 5,000개 말입니까? 그럼 제시하신 가격에 제공해드리겠습니다. |
| 한 | 납품은 다음 달 10일까지 선편으로 부탁드리고 싶은데, 가능합니까? |
| 무카이 | 재고는 충분히 있으니까, 곧 출하할 수 있습니다. |
| | 그럼 지금 조건으로 계약서를 썼으니, 자, 확인 부탁드립니다. |

拝見する 삼가 읽다(보다)

お聞きになる 질문을 하시다, 물으시다

原材料の高騰 원자재의 급등

提示された価格 제시하신 가격

私どもの思った価格 저희들이 생각했던 가격

開きがある 차이가 있다

お考えになる 생각하시다

一個につき 한 개 당

この場 이 자리, 이곳

一応 일단

提供させていただく 제공해드리다

納品 납품

船便 선편

在庫 재고

出荷できる 출하가 가능하다

---

**Expression**

▶ 상품 문의에 관한 표현

1 あいにくその商品は品切となっております。
죄송하지만 그 상품은 품절이 됐습니다.

2 申し訳ございませんが、その品物は売り切れてしまいました。
죄송합니다만, 그 물건은 품절됐습니다.

3 おさがしの商品は当社では扱っておりませんが。
찾으시는 상품은 저희는 취급하지 않습니다.

4 その商品は在庫がございません。
그 상품은 재고가 없습니다.

# 큰방주의(大部屋主義)

오오베야(大部屋)란 서구의 개별 집무실 형태와는 달리, 과장직 이하의 직원들이 과국 등의 큰 사무실에서 집단적으로 업무를 보는 형태를 말한다. 이것은 일본 특유의 의사 결정방식, 인사 양식과도 상당한 관련이 있다.

오오베야의 집무 형태는 임원에게는 '일망감시방식(一望監視方式)'이고, 직원 전체로 보면 '상호 감시 시스템'이다. 이러한 집무형태는 직원 상호 간의 규율 형성과 동시에 연대감을 양성하는 요소도 있지만, 부처 전체에서 본다면 분파주의(sectionalism)에 빠지기 쉬우며, 프라이버시의 결여, 주위의 소음으로 인한 업무집중도 저하 등의 단점이 지적되고 있다.

그러나 이러한 단점과는 반대로 사내의 신속한 의사소통, 관계자의 상호 이해, 공동목표의 이해 등의 장점도 있는데, 이런 장점이 경제 대국 일본이 형성된 힘의 원천이라고 지적하는 사람도 있다.

참조　http://urawa.cool.ne.jp
　　　http://www.tsuji3.com

# 주켄공업주식회사(樹研工業株式会社)

1965년 주켄 공업주식회사(樹研工業株式会社)를 설립한 마쓰우라 모토오(松浦元男)는 선착순 채용, 자율 출퇴근, 폭주족을 장인(匠人)으로 만드는 등 파격적인 경영방식으로 회사를 이끌어 나갔다. 상식적으로는 납득이 되지 않는 이러한 경영방식을 토대로 무게가 100만분의 1그램밖에 되지 않는 극소 톱니바퀴를 생산하는 세계 최고의 정밀회사를 만들어냈다. 이처럼 주켄이 세계적인 회사로 성장할 수 있었던 성공요인을 마쓰우라 사장은 다음과 같이 얘기한다.

첫째, 쓸데없는 규칙을 모두 없앤 점이다. 주켄과 다른 기업 사이에는 어떠한 약정서나 계약서도 존재하지 않는다. 구두 계약으로 모든 일을 진행하고, 업무 추진은 전화나 메일 등의 간편한 방법으로 처리한다. 이러한 '무규칙의 규칙'을 실현할 수 있었던 것은 모든 업무는 직원 스스로가 판단하고 책임지되, 회사는 이러한 직원을 신뢰하고 인정한다는 믿음이 있었기 때문이다.

둘째, 주켄만의 독특한 인재관이다. 주켄은 선착순으로 사람을 채용한다. 누구든 학력, 국적, 성별에 관계없이 평등하게 지원한 순서대로 입사한다. 사람은 과거와 현재보다는 미래의 모습이 더 중요하고, 무엇보다도 지원자들이 수많은 회사 중에서 주켄에 관심을 가지고 지원했다는 것만으로도 입사할 자격이 충분하다는 것이다.

셋째, 주켄에는 다른 회사에서 결코 찾아볼 수 없는 기술개발 원칙이 있다. 주켄의 신기술 개발원칙은 다음과 같다. 계획서는 쓰지 않는다. 계획서를 쓰면 그것을 지키는 게 목적이 되어 버리기 쉽다. 그러나 궁극적인 목적은 신기술 개발이지, 계획을 지키는 것이 아니다. 다음은 개발 책임자가 없는 점이다. 개발을 위해 전문적인 부서나 그룹을 조직하지 않고 개발은 여가를 활용한다. 또 개발 방향성도 없다. 즉 잠수함을 생각하고 시작했는데, 그 결과물로 비행기가 되어도 상관없는 것이다. 그리고 예산은 무제한이며, 개발이 끝날 때까지 지원한다. 일반적으로 예산이 없으면 중단하는 경우가 많은데, 주켄에서 이 원칙은 반드시 지켜졌다.

넷째, 가족주의적인 기업문화다. 정년퇴직의 나이가 따로 없으며, 퇴사와 재입사가 자유롭다. 그러나 이러한 제도를 악용하는 직원보다는, 오히려 개인과 회사의 발전의 기회로 삼는 직원들이 많았다. 한 때 다른 생각을 갖고 퇴사한 사람이 있었지만, 다시 주켄으로 돌아온 한 직원은, 그 후 놀라울 정도로 성장해서 주켄을 이끄는 간부가 되어 자신의 역할을 충실히 수행하고 있다고 한다.

이처럼 주켄의 마쓰우라 사장은 직원 개개인의 잠재력을 인정하고 북돋우며 무한히 신뢰를 한 결과, 한 때 폭주족이었던 불량한 학생들을 당당히 세계 최고의 장인으로 만들었다.

# 제5장

# 접대 <ruby>接待<rt>せったい</rt></ruby>

접대를 하는 쪽

- 접대를 권유할 때는 타이밍을 잘 고려한다.
- 상대방의 기호나 수준을 고려하여 접대 장소를 정한다.
- 상대방을 즐겁게 해주기 위해 노력을 기울인다.
- 주도(酒道)문화가 서로 다른 경우에는 될 수 있으면 상대방 쪽을 따른다. (日本─첨잔 가능, 韓国─첨잔 불가능)
- 비즈니스 이외에도 다양한 화제를 준비하여 유쾌한 분위기를 조성한다.

접대를 받는 쪽

- 접대를 권유받았으나 사정상 응하지 못하는 경우에는 '다음 기회에는 꼭 가겠다'는 인사를 잊지 않는다.
- 접대에 응할 때는 접대하는 쪽에게 모든 것을 맡기는 것이 좋다.
- 특별히 못 먹는 음식이 있을 때는, 미리 얘기를 해두는 것이 좋다.
- 접대를 받고 난 후 반드시, 전화나 서신을 통해 감사의 인사를 전한다.

## 1 식사 권유 お食事の誘い

이런 상황 생각해 봅시다

| 崔 | 土井さん、今日はお世話になったお礼に、私が一席設けたいですが、お時間よろしいですか。 |
| --- | --- |
| 土井 | 時間はいいですが、そんなに気をつかわなくてもいいです。 |
| 崔 | まあ、いいですよ。<u>どうせ会社が払ってくれるから、あまり気にしないでください。</u>❶　じゃ行きましょう。 |
| 土井 | それではお言葉に甘えてそうさせていただきます。 |
| 崔 | それでは江南のおいしい焼き肉のお店へご案内いたします。 |

《焼き肉屋》

| 店の人 | いらっしゃいませ。ご予約はなさいましたか。 |
| --- | --- |
| 崔 | <u>予約ですか。してませんが。</u>❷ |
| 店の人 | お客様、大変申し訳ございませんが、当店は全予約制になっておりますが。 |
| 崔 | えっ、予約しないとだめですか。空いている席は全然ありませんか。 |
| 店の人 | 大変申し訳ございません。全部予約済ですので、今空いている席でもすぐお客さんが来られます。 |
| 崔 | それでは仕方ありませんね。<u>土井さん、ほかの店へ行きましょう。</u>❸　ここあまりおいしくありません。 |
| 土井 | （ちょっと呆れて）　あ、そうですか。 |

| | |
|---|---|
| 최 | 도이 씨, 오늘은 신세진 보답으로 제가 한턱내고 싶은데, 시간 괜찮으세요? |
| 도이 | 시간은 괜찮습니다만, 그렇게 신경 쓰지 않아도 되는데요. |
| 최 | 아니, 괜찮습니다. 어차피 회사가 지불하는 것이니까, 너무 신경 쓰지 마세요. |
| | 자! 갑시다. |
| 도이 | 그럼, 말씀에 따라 그렇게 하지요. |
| 최 | 그럼 강남의 맛있는 불고기 집으로 안내하겠습니다. |

《불고기 집》

| | |
|---|---|
| 종업원 | 어서 오십시오. 예약은 하셨습니까? |
| 최 | 예약 말인가요? 안 했는데요. |
| 종업원 | 손님, 대단히 죄송합니다. 당점은 전 예약제로 되어 있어서요. |
| 최 | 네? 예약하지 않으면 안 됩니까? 빈 좌석은 전혀 없나요? |
| 종업원 | 대단히 죄송합니다. 전부 예약이 끝나서 지금 비어 있는 좌석도 곧 손님이 오십니다. |
| 최 | 그럼 도리가 없군요. |
| | 도이 씨! 다른 집으로 가지요. 여기 별로 맛이 없어요. |
| 도이 | (조금 황당해서) 아, 그렇습니까? |

**새로운 단어**

お礼 답례, 인사

一席設ける 한턱내다, 자리를 마련하다

気をつかう 신경을 쓰다

会社が払ってくれる 회사가 지불해주다

お言葉に甘えてそうさせていただきます 말씀대로 그렇게 하겠습니다

全予約制 전 예약제

空いている席 빈 좌석

ご案内いたす 안내해드리다

仕方がない 할 수 없다, 도리 없다

予約済 예약 완료

呆れる 황당하다, 어이없다, 질리다

❶ 업무와 관련된 접대 비용은 회사에서 충당한다는 것은 누구나 아는 사항인데, 일부러 회사 비용 운운해가며 접대에 임하는 것은 상대에게 불쾌감을 유발할 수 있다. **접대비용 등에 대해서는 언급하지 않는 것이 상식이다.**

❷ **손님 접대의 경우는 반드시 사전에 예약을 해야 한다.** 그래야 보다 좋은 좌석을 확보할 수 있으며, 접대를 받는 사람도 안심하며 식사를 할 수 있다.

❸ 만약 갑자기 가게 되는 경우라면 반드시 전화로 좌석이나 메뉴 등에 대해 알아두는 것이 필요하다.

---

**Expression**

▶ 취급주의에 관한 표현

1　この品物は汚れやすいから、大事に扱ってください。
이 상품은 더러워지기 쉬우니까, 조심해서 다루세요.

2　お求めになった商品は破れやすいから、ご注意願います。
구입하신 상품은 파손되기 쉬우니 주의해 주세요.

3　この服はほつれやすいから、大事に扱ってください。
이 옷은 터지기 쉬우니 조심해서 다루세요.

4　食器類は割れやすいから、取り扱いにご注意ください。
식기류는 깨지기 쉬우니 취급에 주의해 주세요.

▶ 비즈니스 기본 표현

**1** 今晩一緒にお食事でもいかがですか。 契約のお礼にぜひご馳走したいです。
　　　　　一杯 　　　　　　　　　　　歓迎の意味で飲みたいです。

오늘 저녁 같이 식사라도 　　　어떠세요? 　　　계약의 답례로 꼭 대접하고 싶습니다.
　　　　　　한 잔 　　　　　　　　　　　　환영의 의미로 마시고 싶군요.

**2** せっかく韓国に来られたから、和食よりは韓定食などはいかがでしょうか。
　　　　　　　　　　　　　　　　　　　　　宮廷料理

모처럼 한국에 오셨으니까, 일식보다는 　　　　　　한정식 등이 　　어떠세요?
　　　　　　　　　　　　　　　　　　　　　　　궁중요리

**3** 私の行き付けの仁寺洞の韓定食のお店にご案内いたします。
　　　　　　　　水原の焼き肉

제 단골인 　　　　인사동 한정식 　　　　　집으로 안내하겠습니다.
　　　　　　　　수원 갈비

**4** 私も終電で帰る日が多いです。今は家内もあきらめています。
　　　　タクシー

저도 　막차(마지막 전철)로 귀가하는 날이 많지요. 이제는 아내도 포기했습니다.
　　　택시

**5** 私たち二人とも午前様ですね。
　　　　　　　酒飲み
　　　　　　　恥ずかしがり

우리 두 사람 다 　　　새벽에 귀가하는 사람이네요.
　　　　　　　　　　주당
　　　　　　　　　　부끄럼쟁이

| | |
|---|---|
| 高 | 関さん、今晩一緒にお食事でもいかがですか。契約のお礼にぜひご馳走したいです。 |
| 関 | それはどうもご親切にありがとうございます。 |
| 高 | 関さんは何がお好きですか。 |
| | せっかく韓国に来られたから、和食よりは韓定食などはいかがでしょうか。 |
| 関 | そうですか。それは高さんにお任せします。 |
| 高 | お気に召すかどうか分かりませんが、私の行き付けの仁寺洞の韓定食のお店にご案内いたします。それでは行きましょう。 |

《仁寺洞の食堂》

| | |
|---|---|
| 店の人 | いらっしゃいませ。 |
| 高 | 高一上の名前で予約してますが。 |
| 店の人 | はい、どうぞ。お部屋へご案内いたします。ご注文は。 |
| 高 | 韓定食二人前と、お酒はムンベジュを一本お願いします。 |
| | 韓国の料理にはやはり伝統酒が一番です。一度お飲みになってみてください。関さんは今日お酒、大丈夫ですね。 |
| 関 | はい、これからは別に予定はありません。 |
| 高 | それでは今日は息抜きにお飲みになってください。 |
| | ところで、関さんはお酒強いほうですか。 |
| 関 | 日本ではかなり強いほうですが、韓国の方に比べると強いとは言えませんね。高さんどうですか。 |
| 高 | 私は今の会社に入ってから強くなりました。 |
| | 仕事の後、みんなと一緒に飲む機会が多いですからね。 |

毎日遅くなるので家内に大変嫌われていますよ。　ハハハ

関　私も終電で帰る日が多いです。

　　今は家内もあきらめています。ハハハ

高　私たち二人とも午前様ですね。

関　まったく　そのとおりですね。

----

| | |
|---|---|
| 고 | 세키 씨, 오늘 저녁 함께 식사라도 어떠세요? 계약의 답례로 꼭 대접하고 싶습니다. |
| 세키 | 이것 참 친절하게 고맙습니다. |
| 고 | 세키 씨는 무엇을 좋아하세요? |
| | 모처럼 한국에 오셨으니 일식보다는 한정식 등이 어떠세요? |
| 세키 | 그렇습니까? 그럼 고 씨에게 맡기지요. |
| 고 | 마음에 드실지 어떨지 모르지만, 제 단골인 인사동 한정식 집으로 안내하겠습니다. |
| | 그럼 갈까요? |
| | 《인사동의 식당》 |
| 종업원 | 어서 오세요. |
| 고 | 고일상이란 이름으로 예약했는데요. |
| 종업원 | 예, 어서 오세요. 방으로 안내하겠습니다. |
| | 주문은 어떻게 하시겠습니까? |
| 고 | 한정식 2인분과 술은 문배주 한 병 부탁합니다. |
| | 한국요리에는 역시 전통주가 최고입니다. |
| | 한번 드셔 보세요. 세키 씨! 오늘 술 괜찮으시죠? |
| 세키 | 예, 이후에는 다른 일정은 없습니다. |
| 고 | 그럼 오늘은 기탄없이 드세요. 그런데, 세키 씨는 술 센 편이세요? |
| 세키 | 일본에서는 꽤 센 편인데, 한국 분에 비하면 세다고는 못 하겠네요. 고 씨는 어떠세요? |
| 고 | 저는 지금 회사에 들어와서 세졌습니다. |
| | 일과 후 모두 같이 마실 기회가 많아서요. |
| | 매일 (귀가가) 늦어져서 아내에게 미움 많이 받고 있습니다. 하하하. |
| 세키 | 저도 막차(마지막 전철)로 돌아가는 날이 많습니다. |
| | 이제는 아내도 포기했습니다. 하하하. |
| 고 | 우리 두 사람 다 새벽에 귀가하는 사람이네요. |
| 세키 | 정말이지 그러네요. |

契約のお礼 계약의 답례

ご馳走したい 한턱내고 싶다

せっかく 모처럼

お任せする (상대의 의사 결정에) 맡기다

行き付け 단골

お気に召す 마음에 드시다

お飲みになる (술 등을) 드시다

息抜き 긴장을 풀고 잠시 쉼

嫌われる 싫어하다, 미움받다

終電 막차(마지막 전철)

午前様 (술자리나 업무 등으로) 새벽에 귀가하는 사람을 비유해서 일컫는 말

まったくそのとおりだ 딱 맞는 말이다, 정말 그렇다

▶ 비즈니스 기본 표현

**1** 特にお好きなものでもありますか。ご遠慮なくおっしゃってください。

お気にいる

ほしい

특히　좋아하시는 거라도 있으세요? 사양하지 마시고 말씀하세요.
마음에 드시는
갖고 싶은

**2** この店ではお料理だけではなく 伝統舞踊もご覧になれます。

製品販売

商品展示

이 집에서는　요리뿐 아니라,　　　전통무용도 관람하실 수 있습니다.
제품판매
상품전시

**3** いろいろと気をつかっていただいて、どうもすみませんね。

ご親切にしていただき

お世話になり

여러모로　신경을 써주셔서　　　대단히 감사합니다.
친절하게 해주셔서
신세를 져서

**4** どうぞ、一度お飲みになってみてください。お口に合うと思います。

お使いに　　　　　　　　　ご満足いただける

お試しに　　　　　　　　　違いが分かっていただける

부디 한번　마셔　보세요.　　　입에 맞으실　겁니다.
사용해　　　　　　　만족하실 수 있을
시험해　　　　　　　차이를 아실 수 있을

高　中山さん、特にお好きなものでもありますか。

ご遠慮なくおっしゃってください。

中山　韓国の料理なら何でも好きです。

高　はい、それではコリア・ハウスへご案内いたします。

《コリア・ハウス》

高　この店ではお料理だけではなく、伝統舞踊もご覧になれます。

店の人　いらっしゃいませ。お名前をどうぞ。

高　高万石ですが。

店の人　はい、高様、お二人様ですね。ご案内いたしますので、どうぞこちらへ。

中山　ずいぶん立派なお店ですね。それにお庭も大変きれいですね。

高　今の席では舞台もよく見られるし、お庭の眺めも楽しめる一番いい席です。

中山　本当ですね。

いろいろと気をつかっていただいて、どうもすみませんね。

高　いいえ、とんでもありません。あ、料理が出ました。

お酒は安東焼酎を頼みました。

どうぞ、一度お飲みになってみてください。

お口に合うと思います。

中山　はい、あ、大変おいしいですね。辛口ですね。

高　はい、そうです。

中山　わぁ、すごい。おかずがお膳にいっぱいですね。

| | |
|---|---|
| 고 | 나카야마 씨, 특히 좋아하시는 거라도 있으세요? 사양하지 마시고 말씀하세요. |
| 나카야마 | 한국 요리면 뭐든지 좋아합니다. |
| 고 | 예, 그럼 코리아 하우스로 안내하겠습니다. |
| | |
| | 《코리아 하우스》 |
| 고 | 이 집에서는 요리뿐 아니라, 전통무용도 관람하실 수 있습니다. |
| 종업원 | 어서 오십시오. 성함을 말씀해주세요. |
| 고 | 고만석인데요. |
| 종업원 | 예, 고만석님 두 분이시죠. |
| | 안내해드리겠으니, 이쪽으로 오십시오. |
| 나카야마 | 꽤 멋진 집이군요. 게다가 정원도 굉장히 아름답군요. |
| 고 | 지금 자리에서는 무대도 잘 보이고, 정원의 전망도 즐길 수 있는 가장 좋은 자리입니다. |
| 나카야마 | 정말 그렇군요. 여러모로 신경을 써 주셔서 대단히 감사합니다. |
| 고 | 아뇨, 천만에요. 아! 요리가 나왔습니다. |
| | 술은 안동소주를 부탁했습니다. |
| | 자, 한번 드셔 보세요. 입에 맞으실 겁니다. |
| 나카야마 | 예, 굉장히 맛있네요. 쌉쌀한 맛이군요. |
| 고 | 예, 그렇습니다. |
| 나카야마 | 와, 굉장하군요. 반찬이 상으로 가득하네요. |

**새로운 단어**

ご遠慮なく 사양하지 마시고

舞台 무대

眺めも楽しめる 전망도 즐길 수 있다

頼む 부탁하다

お口に合う 입에 맞으시다

気をつかっていただく 신경을 써 주시다

おかず 반찬

辛口 (술 따위의 맛이) 쌉쌀한 맛

お膳 밥상

## 1 회식 매너 飲み会のマナー

이런 상황 생각해 봅시다

《飲み屋》

石　　　酒井さん、とりあえず乾杯しましょう。(大分酔っているようだ)❶

酒井　　はい、乾杯。(ビールを飲み干す)

石　　　あ、酒井さん、うちの社長どう思いますか。

酒井　　「どう思う」ってどういう意味ですか。

石　　　人格のことですよ。

お客さんにはずいぶんいい顔してますが、部下には鬼ですよ、鬼。❷

酒井　　(私にそのような話をしてもいいかな。) そんなことないでしょう。冗談止め
てください。

石　　　(ちょっとお酒が覚めたようで) あ、すみません。冗談ですよ、冗談。

さぁ、歌いましょう。どうですか。酒井さん。

どうぞ一曲、ここ日本の歌もあります。

酒井　　(歌もいいけど、本当に鈍感な人だな。飲み干したコップが見えないの
かな。)❸

あの、石さんからどうぞ、私はあまり歌が上手じゃないし。

石　　　あ、そうですか。それでは私が先に歌います。❹

じゃ拍手、拍手。

酒井　　拍手。

《술집》

| | |
|---|---|
| 석 | 사카이 씨, 우선 건배합시다. (꽤 취한 것 같다) |
| 사카이 | 예, 건배. (맥주를 다 마신다) |
| 석 | 저, 사카이 씨, 우리 사장 어떻게 생각하세요? |
| 사카이 | '어떻게 생각하다'뇨, 무슨 뜻입니까? |
| 석 | 인격 말이에요. 손님에게는 아주 선한 얼굴을 하고 있습니다만, 부하에게는 냉혈한이에요. |
| 사카이 | (내게 그런 얘기를 해도 되나?) 그럴 리 있나요? 농담하지 마세요. |
| 석 | (좀 술이 깬 듯) 아, 죄송합니다. 농담이에요. 농담! |
| | 자, 노래합시다. |
| | 어떠세요? 사카이 씨 자! |
| | 한 곡. 여기 일본노래도 있습니다. |
| 사카이 | (노래도 좋지만, 정말 둔감한 사람이네. 빈 잔이 안보이나?) |
| | 저, 석 씨부터 하세요. 전 별로 노래를 잘 하지 못해서요. |
| 석 | 아, 그러세요. 그럼 제가 먼저 부르지요. |
| | 자! 박수! 박수! |
| 사카이 | 박수! |

**새로운 단어**

とりあえず乾杯（かんぱい）する 우선 건배하다

大分（だいぶ）酔（よ）う 상당히 취하다

飲（の）み干（ほ）す 잔을 비우다, 다 마시다

ずいぶん 꽤나, 상당히

いい顔（かお） 좋은 인상, 착한 얼굴

鬼（おに） 냉혈한, 도깨비

お酒（さけ）が覚（さ）める 술이 깨다

鈍感（どんかん）な人（ひと） 둔감한 사람

先（さき）に歌（うた）う 먼저 노래 부르다

拍手（はくしゅ） 박수

❶ **접대를 하는 경우,** 상대보다도 일찍 취한다면 여러모로 실수를 할 수 있기 때문에 조심해야 한다.

❷ 아무리 **취중이라도 회사나 상사에 대한 험담은 절대로 삼가야 한다.** 회사 기밀 등은 말할 나위도 없다.

❸ **일본인은 컵에 술이 남아있다 하더라도 얼마든지 첨잔이 가능하다.** 오히려 잔이 반쯤 비었거나, 3분의 1가량이 비었는데도 첨잔을 해 주지 않으면 센스 없는 사람으로 취급받는다. **여성이 남성을 접대하는 경우,** 상대에게 술을 따라주는 것에 대해 거부감이 느껴진다면, 미리 한국의 주도법(酒道法)을 얘기해주어 양해를 구하는 것도 좋을 것이다. 아무 말도 없이 상대의 술잔은 비워져 있는데 모르는 척 하고 있다면 매너 없고, 배려도 없는 사람으로 인식될 수도 있다.

❹ **접대는 어디까지나 상대방을 즐겁게 해주기 위해서 하는 것인데,** 분위기에 취한 나머지 상대방은 뒷전이고, 자신만 즐기고 있는 접대가 되어서는 실패한 접대가 된다.

---

▶ 어떤 스타일의 노래를 좋아하는지 물어볼 때

1 井上さんはナツメロお好きですか。
이노우에 씨는 흘러간 노래 좋아하세요?
＊「ナツメロ」는「なつかしいメロディー」의 준말로 '흘러간 노래'를 뜻한다.

2 橋本さんは演歌もお上手ですか。
하시모토 씨는 엔카도 잘 부르십니까?

3 山村さんはポップ・ソングが得意ですか。
야마무라 씨는 팝송을 잘 하시나요?

4 泉さんはジャズ・ソングのほうもお好きですか。
이즈미 씨는 재즈도 좋아하세요?

▶ 비즈니스 기본 표현

**1** 金子さん、今日はどうぞ心置きなく楽しんでください。
　　　　　　　　　　　　思う存分
　　　　　　　　　　　　ごゆっくり

가네코 씨, 오늘은 부디　　　기탄 없이　　즐기세요
　　　　　　　　　　　　마음껏
　　　　　　　　　　　　천천히

**2** これからはウイスキーで本格的にどうですか。
　　　　　　　　　　日本酒
　　　　　　　　　　焼酎

지금부터는　　위스키로　　본격적으로 어떠세요?
　　　　　　청주
　　　　　　소주

**3** それではこの辺で金子さんの歌をぜひお聞きしたいですね。
　　　　　　　　　　　山村さんの演奏
　　　　　　　　　　　村田さんのピアノ

그럼 이쯤에서　　가네코 씨의 노래를　　꼭 듣고 싶군요.
　　　　　　　　야마무라 씨의 연주
　　　　　　　　무라타씨 의 피아노

**4** それでは下手な歌でも一曲歌わせていただきます。
　　　　　　　　　　踊り　踊らせて
　　　　　　　　　　ピアノ 一曲弾かせて

그럼 서투른　　노래지만 한 곡 부르겠습니다.
　　　　　　춤이지만 추겠습니다.
　　　　　　피아노이지만 한곡 치겠습니다.

辛　　　とりあえずビールで乾杯しましょうね。

　　　　これからはウイスキーで本格的にどうですか。

　　　　ストレート、水割り、オン・ザ・ロック、どれがよろしいですか。

金子　　私は水割りにします。　辛さんもどうぞ。

辛　　　はい、分かりました。(金子さんに水割りを勧めながら) はい、どうぞ。

　　　　それではこの辺で金子さんの歌をぜひお聞きしたいですね。

　　　　どんなレパートリーの歌でも行けるって聞きましたよ。じゃ拍手。

金子　　いいえ、私はひどい音痴ですよ。上手だなんて、とんでもありません。

辛　　　そうおっしゃらずに、どうぞ。一曲お願いしますよ。

金子　　それでは下手な歌でも一曲歌わせていただきます。

---

신　　　우선 맥주로 건배하지요. 지금부터는 위스키로 본격적으로 어떠세요?
　　　　스트레이트, 미즈와리, 온더록 어느 쪽이 좋으세요?

가네코　전 미즈와리로 하겠습니다. 신 씨도 드시죠?

신　　　예, 알겠습니다. (가네코 씨에게 미즈와리를 권하면서) 자! 드세요.
　　　　그럼, 이쯤에서 가네코 씨의 노래를 꼭 듣고 싶군요.
　　　　어떤 종류의 노래도 소화할 수 있다고 들었습니다. 자 박수!

가네코　아뇨. 전 심한 음치예요. 잘한다뇨? 당치 않습니다.

신　　　그런 말씀 마시고 자, 한 곡 부탁드립니다.

가네코　그럼. 서투른 노래지만, 한 곡 부르겠습니다.

---

**새로운 단어**

| | |
|---|---|
| とりあえず 우선 | ビール 맥주 |
| 乾杯する 건배하다 | ストレート 스트레이트 |
| 水割り 위스키를 물에 희석한 술, 미즈와리 | オン・ザ・ロック 위스키를 얼음에 희석한 술, 온더록 |
| 勧める 권하다 | レパートリー 레퍼토리, 범위, 분야 |
| この辺で 이쯤에서 | ひどい音痴 심한 음치 |
| 一曲歌わせていただく 한 곡 부르겠다 | |

▶ 비즈니스 기본 표현

**1** この度はお取引いただき、大変ありがとうございます。
　　　お買い上げ
　　　ご契約

이번에는　거래　해주셔서 대단히 감사합니다.
　　　　　구입
　　　　　계약

**2** こちらこそ貴社のようなご立派な会社とお取引できて光栄です。
　　　　　　　世界的な企業
　　　　　　　ITの大手二社

저희야말로 귀사 같은　훌륭한 회사와　거래할 수 있어 영광입니다.
　　　　　　　　　　세계적인 기업
　　　　　　　　　　IT의 두 대기업

**3** せっかく韓国に来てますから、韓国の歌を歌います。
　　　　　日本　　　　　　　　日本の演歌
　　　　　アメリカ　　　　　　ジャズ・ソング

모처럼　한국에　왔으니까,　한국 노래를　부르도록 하겠습니다.
　　　　일본　　　　　　　　일본 엔카
　　　　미국　　　　　　　　재즈 송

朴 この度はお取引いただき、大変ありがどうございます。

池田 こちらこそ貴社のようなご立派な会社とお取引できて光栄です。

朴 池田さん、歌がお上手だと聞きました。

ぜひ、一曲聞かせてください。

池田 上手だなんて、とんでもありません。

かえって歌は朴さんの右に出る者がないと聞いておりますが。

朴 そんなことありません。

そうおっしゃらないで、じゃ 一曲どうぞ。

池田 仕方がありませんね。 それでは下手でもどうぞお許しを。

せっかく韓国に来てますから、韓国の歌を歌います。

ジョヨンピルの「釜山港へ帰れ」です。（歌を歌う）

朴 あ、さすがお上手ですね。 うわさどおりです。

池田 いいえ、はずかしいです。じゃ、今度は朴さんの番ですよ。どうぞ。

朴 それでは遠慮なく歌わせていただきます。

池田さんが韓国の歌を歌いましたから、私は日本の歌にします。

---

박 이번에는 거래해주셔서 대단히 감사합니다.

이케다 저희야말로 귀사 같은 훌륭한 회사와 거래할 수 있어 영광입니다.

박 이케다 씨, 노래를 잘하신다고 들었습니다. 꼭 한 곡 듣고 싶군요.

이케다 잘 부르다니요? 당치 않습니다.

오히려 노래는 박 씨를 따라올 사람이 없다고 들었습니다.

박 그렇지 않습니다. 그런 말씀 마시고, 어서 한 곡 부탁드립니다.

이케다 할 수 없군요. 그럼 서툴어도 용서해주십시오.

모처럼 한국에 왔으니까, 한국 노래를 부르겠습니다.

조용필의 '돌아와요 부산항에'입니다. (노래를 부른다)

박 아, 정말 잘하시네요. 소문 대로입니다.

이케다 아뇨, 부끄럽습니다.

자, 이번에는 박 씨 차례입니다. 자!

박 그럼 사양하지 않고 부르겠습니다.

이케다 씨가 한국 노래를 하셨으니까, 저는 일본 노래를 부르겠습니다.

ぜひ 꼭, 필히

一曲聞かせてください 한 곡 들려주십시오

上手だなんて 잘한다니

とんでもありません 당치 않습니다

右に出る者がない 따라올 사람이 없다

そうおっしゃらないで 그리 말씀하지 마시고

お許し 허락, 용서

うわさどおりだ 소문대로이다

番 순서, 차례

▶ 상대의 장기를 물어볼 때

1 遠藤さんの十八番は何ですか。
   엔도 씨의 애창곡은 무엇입니까?

2 村田さんの得意は何ですか。
   무라타 씨의 장기는 무엇입니까?

3 森さんのとっておきは何ですか。
   모리 씨의 비장의 재주는 무엇인가요?

4 金丸さんの秀でる芸は何ですか。
   가네마루 씨가 잘하시는 개인기는 무엇인가요?

# 観光案内
## 관광안내

**1** 안내 요령 案内のこつ

🗣 이런 상황 생각해 봅시다 ──────────────────────

| | |
|---|---|
| 金 | 山田さん、今日はソウル市内をご案内いたします。 |
| 山田 | いろいろとお世話になります。 |
| 金 | まず、韓国の伝統的お庭で有名な「秘苑」に行きましょう。 |
| | 日本のお庭と比べてみてください。 |
| 山田 | 「秘苑)」の観覧には予約が必要だし、日本語で説明する時間が決まっていると聞きましたが。 |
| 金 | <u>そうですか。知りませんでした。確認してみます。</u>❶ |
| | やはりそうですね。今日はもう終ったそうです。 |
| | 仕方がありませんね。それでは南山タワーへ行きましょうか。 |
| 山田 | あの、南山タワーは夜景がきれいではありませんか。 |
| 金 | それはそうですね。<u>昼よりは夜のほうがいいですね。</u>❷ |
| | それじゃ、どこに行けばいいかな。 |
| 山田 | これは私の考えですが、<u>南大門市場と東大門市場を見物して、日が暮れたら南山へ行くのはどうでしょうか。</u>❸ |
| 金 | それがいいですね。そうしましょう。 |

| 김 | 야마다 씨, 오늘은 서울시내를 안내해드리겠습니다. |
|---|---|
| 야마다 | 여러 가지로 신세를 지겠습니다. |
| 김 | 우선 한국의 전통적인 정원으로 유명한 '비원'에 가요. |
| | 일본의 정원과 비교해보세요. |
| 야마다 | '비원' 관람에는 예약이 필요하고, 일본어로 설명하는 시간이 정해져 있다고 들었는데요. |
| 김 | 그래요? 몰랐습니다. 확인해 보죠. 역시 그렇군요. 오늘은 끝났다고 하네요. |
| | 도리 없군요. 그럼 남산타워로 갈까요? |
| 야마다 | 저, 남산타워는 야경이 아름답지 않나요? |
| 김 | 그건 그렇죠. 낮보다는 밤이 아름답지요. 그럼 어디에 가면 좋을까? |
| 야마다 | 이건 제 생각인데요, 남대문 시장과 동대문 시장을 구경하고, 날이 어두워지면 남산에 가는 건 어떨까요? |
| 김 | 그거 좋군요, 그렇게 하지요. |

**새로운 단어**

比<sup>くら</sup>べてみる 비교해보다

観覧<sup>かんらん</sup> 관람

時間<sup>じかん</sup>が決<sup>き</sup>まっている 시간이 정해져 있다

終<sup>おわ</sup>ったそうだ 끝났다고 한다

南山<sup>ナムサン</sup>タワー 남산 타워

夜景<sup>やけい</sup> 야경

考<sup>かんが</sup>え 생각

見物<sup>けんぶつ</sup>する 구경하다

日<sup>ひ</sup>が暮<sup>く</sup>れる 날이 저물다

❶  일본인에게 한국의 전통적인 문화를 보여주기 위해서는 고궁이 적당하다. 그런데 요즈음에는 미리 예약을 해야 입장할 수 있는 곳이 많고, 전문가의 설명을 해당 언어로 들을 수 있는 곳도 적지 않다. 이것은 제대로 잘 이용하려면 **사전에 충분히 정보를 입수해 두는 것이 좋다.** 의외로 한국인보다 일본인이 여행가이드북을 통해 이러한 정보에 대해서 더욱 상세한 경우가 많이 있다.

❷  일본인이 서울시내 관광에서 여러 장소에 가고 싶다고 하면 **시간 배정에 신경 써야 한다.** 남대문 시장이나 동대문 시장은 밤11시에 개장하여, 다음 날 오후 4시경에 폐점하는 상점이 대부분이다. 때문에 한국 도매 시장의 진목면을 보여 주려면 야간개장이 좋고, 시간이 여의치 않을 경우에는 오후 4시 안에 가는 것이 좋다. 개장시간과 폐장시간에 대해서도 설명해주면 참고가 될 수 있으며 물건 값을 깎을 수 있는 즐거움도 맛보게 해주면 한층 흥미로워한다.

❸  남산 타워는 서울 시내가 한눈에 조망되는 곳이다. 낮에 오르면 한강을 비롯하여 서울의 거리거리를 상세하게 관망할 수 있는 이점이 있고, 야간에 오르면 야경을 즐길 수 있는 장점이 있다.

---

**Expression**

▶ 거리 관련 표현

1  ソウルの繁華街はどこですか。
   서울의 번화가는 어디입니까?

2  韓国の金融街はどこですか。
   한국의 금융가는 어디입니까?

3  釜山の商店街はどこですか。
   부산의 상점가는 어디입니까?

4  東京の証券街はどこですか。
   도쿄의 증권가는 어디입니까?

▶ 비즈니스 기본 표현

**1** 今日のスケジュールと観光コースについては車の中でご説明いたします。

会議と契約

説明会と展覧会

오늘의    스케줄과 관광코스에          대해서는 차 안에서 설명드리겠습니다.
　　　　 회의와 계약
　　　　 설명회와 전람회

**2** それから夕方の6時からは当社の役員たちが参席する宴会があります。

バイヤー

担当者

그러고나서 저녁 6시부터는    당사의 임원들이    참석하는 연회가 있습니다.
　　　　　　　　　　　　　 바이어
　　　　　　　　　　　　　 담당자

**3** 民俗村をご覧になってソウルにお帰りになるのが4時頃です。

現場に戻られる

役員会に出席される

민속촌을 관람하시고    서울에 오시는 것이          4시경입니다.
　　　　　　　　　　 현장에 되돌아오시는
　　　　　　　　　　 임원회의에 출석하시는

**4** 一つおもしろいのは、ここでは人々が実際に生活しているということです。

展示品を実際に使ってみる

サンプルを買える

한 가지 재미있는 것은 여기서는    사람들이 실제로 생활을 하고 있다는 것입니다.
　　　　　　　　　　　　　　　 전시품을 실제로 써본다
　　　　　　　　　　　　　　　 샘플을 살 수 있다

尹　それでは、これから出発しますが、今日のスケジュールと観光コースについ
　　ては車の中でご説明いたします。

　　午前中はソウル市内の古宮と南大門市場を見物する予定です。それから
　　昼ご飯を召し上がってからは、民俗村をご覧になります。

　　それから夕方の6時からは当社の役員たちが参席する宴会があります。宴
　　会は大体9時頃には終ると思います。

井上　あ、そうですか。分かりました。

　　あの、6時の宴会の前にちょっと着替えしたいですが。

尹　はい、民俗村をご覧になってソウルにお帰りになるのが4頃です。

　　5時30分頃、また私がお迎えに参ります。

井上　今日は一日中尹さんにお世話になりっぱなしですね。

　　どうもすみません。

尹　いいえ、とんでもございません。


《民俗村》

尹　井上さん、この民俗村は日本の明治村のような所で、朝鮮時代の衣・食・
　　住の生活様式をそのまま再現した所です。

　　一つおもしろいのは、ここでは人々が実際に生活しているということです。

　　特に鍛冶屋とか韓紙屋に行けば、品物を作る過程をご覧になれます。

　　それから占い屋もあります。よく当りますから、ぜひ一度どうぞ。

........................................................................

윤　　그럼 지금부터 출발하는데, 오늘 스케줄과 관광코스에 대해서는 차 안에서 설명드리겠습니다.
　　　오전 중에는 서울시내의 고궁과 남대문 시장을 구경할 예정입니다.
　　　그러고나서 점심을 드시고, 민속촌을 보시겠습니다.
　　　그러고나서 저녁 6시부터는 당사 임원들이 참석하는 연회가 있습니다.
　　　연회는 대략 9시경에는 끝날 겁니다.

| 이노우에 | 아, 그렇습니까? 알겠습니다. |
|---|---|
| | 저, 6시 연회 전에 잠깐 옷을 갈아입고 싶은데요. |
| 윤 | 예, 민속촌을 관람하시고 서울에 돌아오시는 것이 4시경입니다. |
| | 5시 30분경에 다시 제가 모시러 가겠습니다. |
| 이노우에 | 오늘은 하루 종일 윤 씨에게 신세만 지는군요. 대단히 감사합니다. |
| 윤 | 아뇨, 별 말씀을. |
| | |
| | 《민속촌》 |
| 윤 | 이노우에 씨, 이 민속촌은 일본의 메이지무라 같은 곳으로, 조선시대의 의 · 식 · 주 생활양식을 그대로 재현한 곳입니다. |
| | 한 가지 재미있는 것은 여기서는 사람들이 실제로 생활하고 있다는 것입니다. 특히 대장간이나 한지 가게에 가면 물품을 만드는 과정을 보실 수 있습니다. |
| | 그리고 점집도 있습니다. 잘 맞추니까 꼭 한번 보세요. |

▶ 비즈니스 기본 표현

**1** ご存じのように梨泰院はブランド品のコピーが多いです。

　　　高級のレストラン

　　　米軍基地

아시다시피 이태원은　　명품 카피가　　　　　　　많습니다.
　　　　　　　　　　　고급 레스토랑
　　　　　　　　　　　미군기지

**2** 店によって値段も違うし、商品の品質もまちまちです。

　　　デザイン

　　　ブランド

상점마다　　가격도　다르고, 상품의 품질도 가지각색입니다.
　　　　　디자인
　　　　　브랜드

**3** あちこち見回ってからお買いになるのがいいと思います。

　　　調べて

　　　見物して

여기저기　둘러보고 나서　사시는 것이 좋을 겁니다.
　　　　조사하고
　　　　구경하고

**4** それから割引もできるので、　うまくいけばいいものをすごく安く買えます。

　　　払い戻し

　　　宅配

그리고　　할인도　되니까, 잘하면 좋은 물건을 아주 싸게 살 수 있습니다.
　　　　환불
　　　　택배

催　今日は梨泰院へご案内いたします。

　　ご存じのように梨泰院はブランド品のコピーが多いです。

　　それから世界各国の料理が楽しめるしゃれたレストランがたくさんあります。

海部　日本でも話は聞きました。早く行ってみたいですね。

催　それでは行きましょう。店によって値段も違うし、商品の品質もまちまちですから、あちこち見回ってからお買いになるのがいいと思います。

海部　はい、分かりました。


《商店街》

海部　これ本物とまった〈同じですね。　みた目では全然分かりませんね。

催　このハンドバックは日本人が一番好むスタイルです。

　　今この店でもお客さんのほとんどが日本人です。

　　ですから店の人はみんな日本語が上手です。

海部　ここでのお買物は言葉で不便なことはありませんね。

催　はい、そうです。

　　それから割引もできるので、うまくいけばいいものをすご〈安〈買えます。

　　お買得ですよ。

................................................................................

최　　오늘은 이태원으로 안내하겠습니다.
　　　아시다시피 이태원은 명품 카피가 많습니다.
　　　그리고 세계 각국의 요리를 즐길 수 있는 세련된 레스토랑이 많이 있습니다.

가이후　일본에서도 이야기는 들었습니다. 빨리 가보고 싶군요.

최　　그럼 가시죠. 상점마다 가격도 다르고, 상품의 품질도 제각각이니까 여기저기 둘러보고 나서 사시는 것이 좋을 겁니다.

가이후　예, 알겠습니다.

《상점가》

가이후      이거 진품과 완전히 똑같네요. 겉으로 보기에는 전혀 모르겠어요.

최           이 핸드백은 일본인이 제일 좋아하는 스타일입니다.

              지금 이 가게에도 손님 대부분이 일본인이지요. 그래서 가게 사람은 모두 일본어가 능숙합니다.

가이후      여기서의 쇼핑은 언어 때문에 불편한 일은 없겠군요.

최           예, 그렇습니다.

              그리고 할인도 되니까, 잘 사면 좋은 물건을 아주 싸게 구입할 수 있습니다. 득보는 거죠.

---

**새로운 단어**

ご存じのように 아시는 바와 같이

ブランド品のコピー 명품 카피

楽しめる 즐길 수 있다

しゃれたレストラン 세련된 레스토랑

品質もまちまちだ 품질도 가지각색이다.

見回る 둘러 보다

お買いになる 사시다(「買う」의 존경어)

本物 진짜, 진품

まったく同じだ 완전히 똑같다

みた目 겉보기, 외관

好む 좋아하다, 선호하다

うまく行けば 잘 하면, 운이 좋으면

お買得 싸게 사서 이익을 보다. 혹은 그 물건

# 회식 문화

일본의 기업은 다른 외국기업에 비해 비교적 교제비나 사교비 명목의 지출이 많다. 1990년경 일본정부가 발표한 공식집계에 따르면, 기업에서 교제비로 지출한 금액이 6조 엔에 이른다고 한다. 그렇다면 왜 일본인은 이토록 많은 교제비를 지출하는 것일까?

일본은 문화, 사고 가치의 통일성이 매우 강하다. 따라서 서로가 격렬하게 자신의 입장을 주장하기보다는, 상대의 마음을 헤아려 파악하는 이심전심(以心伝心)의 사고가 강하다.

비즈니스에 있어서도 회의실이나 응접실같이 딱딱한 분위기 속에서 수 차례의 회의를 통하여 서로의 주장을 펴 나가는 것보다, 오히려 저녁 술자리에서 서로 술잔을 주고받으며 자신의 입장을 부드럽고, 겸손하게 피력하는 것이 보다 효과적이라고 생각한다.

이러한 관념의 토대는 사내는 물론, 외부 거래처와의 관계에 있어서도 서로의 이견을 좁혀가고, 서로가 납득이 되는 협상 선을 찾아가게 되어, 자연스러운 상호 유대적 거래 관계가 형성된다. 따라서 회식 커뮤니케이션(ノミニケーション, 飲む+コミュニケーション의 합성 용어)이라는 용어가 생겨났고, 2차(二次会), 술집순례(梯子酒) 등의 독특한 회식 문화가 생겨나기도 했다.

참조 http://www.joyjapan.co.kr

# 마쓰시타전기(松下電気)

일본최대의 가전회사인 마쓰시타 그룹의 출발점이 된 것은 쌍소켓 발명이다. 지금은 전 세계 어디를 가도 쉽게 구할 수 있는 흔한 전기용품으로 현재는 쌍소켓뿐 아니라, 서너 개짜리도 있다. 그러나 이것이 발명되기 전까지는 모두 한 개짜리 소켓을 사용했다.

모방의 천재로 알려진 마쓰시타 고노스케는 아버지가 사업에 실패하여 초등학교 4학년을 마지막으로 학업을 중단해야만 하는 불행한 처지에 놓이게 된다. 초등학교도 졸업하지 못한 마쓰시타는 시골 마을을 떠나, 오사카의 견습점원으로 취직을 한다. 어린 마쓰시타는 화로가게, 자전거포, 전구회사 등, 10여 년 간을 이곳저곳을 전전한다. 고생 끝에 겨우 2평짜리 자신의 전기용품 가게를 마련하게 되는데, 피눈물과 땀으로 마련한 이 2평짜리 가게가 그의 운명을 바꾸어 놓는 계기가 되었다. 그의 가게에서 판매하는 물건은 전선, 플러그, 소켓 등 일반 가정에서 흔히 사용하는 전기용품이었는데, 그 중에서 가장 많이 팔리던 것이 소켓이었다.

어느 날, 전기 수리를 나갔던 마쓰시타는 그 집의 자매가 소켓 하나를 놓고, 언니는 전등을, 동생은 전기인두를 꽂겠다고 티격태격하는 장면을 목격했다. 순간 그의 머릿속으로 두 사람이 모두 사용할 수 있는 쌍소켓을 만들어야겠다는 생각이 스쳐갔다. 가게로 돌아와 그동안 익혀온 기술로 쌍소켓을 만들어 시험제작에 들어갔다. 시험 결과 그대로 상품으로 출시해도 될 정도로 우수한 쌍소켓을 제작했다. 그는 특허출원을 했고, 다량생산에 들어갔다. 예상대로 폭발적인 판매를 기록했다. 대리점을 하겠다고 선금을 들고 사람들이 몰려왔고, 2평짜리 가게는 1년 사이에 '마쓰시타 전기회사'로 바뀌었다.

그 후로도 마쓰시타의 발명은 계속 이어졌다. 직입식 플러그, 세 발 달린 휴대용 라디오, 세탁 종료를 자동으로 알려주는 세탁기용 자명종 등, 연이어 히트상품이 쏟아졌다. 어떤 물건이든 마쓰시타의 손만 거치면 새롭게 개량되어 실용신안출원이 가능하게 되었고, 생산되는 물건은 하나같이 날개 돋친 듯 팔려 나갔다.

현재, 37개국에 450여 개의 계열회사를 거느린 마쓰시타 그룹은 파나소닉·내쇼날·테크닉스 등 우리의 귀에 익은 상표만도 1만 4천여 종, 연간 매출액이 6조 억 엔이 넘는 세계적 대재벌이다. 그러나 이러한 대재벌의 탄생도 첫 출발은 불과 2평짜리 가게였다.

# 제6장

## 마중과 배웅 出迎えと見送り

- 공항에 마중을 가거나, 배웅을 할 때는 시간 여유를 충분히 고려한다.
- 호텔로 마중을 가는 경우는 로비에서 기다리도록 한다.
- 도로의 사정을 미리 잘 살펴서 혼잡하지 않은 도로를 선택한다.
- 상대의 가방이나 짐을 대신 들도록 한다.
- 한국 날씨에 관한 정보를 미리 상대에게 알려주면 참고가 된다.

## 1 공항 <ruby>空港<rt>くうこう</rt></ruby>

《<ruby>空港<rt>くうこう</rt></ruby>》

張　岡田さん、ここです。予定より大変遅くなりました。

2時間も待ちました。❶

岡田　（大きな荷物を手に持ったまま。張さんは全然気がつかない。）❷

張さん、どうもすみません。大変お待たせいたしました。成田空港で不審な荷物が発見され、予定より1時間も遅く搭乗し始めました。

張　そうでしたか。このごろはテロの心配でとの空港も検査が厳しいですからね。じゃ、行きましょう。

ところで、今日はホテルに直行なさいますか。

それとも当社に寄って行かれますか。

岡田　そうですね。

今日が疲れたので、ホテルに着いて早く休みたいです。

張　でも、うちの社長からさっき電話があって、ぜひ会社にお立ち寄りくださいと言ってますが。一緒に夕食でも思っているらしいですよ。

岡田　（すこし困った表情で）　あの、どうせ明日の説明の時お会いしますから、今日はご遠慮します。すみません。

張　それは残念ですね。

それではホテルに着いてから私と一杯どうですか。❸

ホテルの近くに雰囲気のいいカラオケ・バーがあります。

ご案内いたしますから、行きましょうよ。

岡田　せっかくのお誘いですが、今日は明日の説明会の準備もありますので、ご遠慮いたします。

張　岡田さんって几帳面な方ですね。それでは仕方ありませんね。

会議が終わってからならよろしいですね。

岡田　はい、その時は一緒に行ききましょう。

---

《공항》

장　오카다 씨, 여기입니다. 예정보다 많이 늦으셨네요. 두 시간이나 기다렸습니다.

오카다　(큰 짐을 손에 든 채. 장 씨는 전혀 눈치 채지 못한다)
장 씨, 대단히 죄송합니다. 많이 기다리셨습니다.
나리타공항에서 수상한 짐이 발견되어, 예정보다 한 시간이나 늦게 탑승을 시작했습니다.

장　그랬어요? 요즘 테러의 우려로 어느 공항이든 검사가 삼엄하니까요.
자, 가시죠. 그런데 오늘은 호텔로 직행하시나요? 아니면 저희 회사에 들렀다 가시겠습니까?

오카다　글쎄요, 오늘은 피곤해서 호텔에 도착해서 빨리 쉬고 싶군요.

장　근데, 저희 사장님이 아까 전화해서, 꼭 회사에 들러 주십사 하던데요.
함께 저녁이라도 하려는 것 같던데요.

오카다　(조금 곤란한 표정으로) 저, 어차피 내일 설명회 때 만나니까, 오늘은 사양하겠습니다. 죄송합니다.

장　그거 유감이네요. 그럼 호텔에 도착해서 저와 한잔 어떠세요?
호텔 근처에 분위기가 좋은 가라오케 바(단란주점)가 있습니다. 안내하겠사오니 가시죠?

오카다　모처럼 권유해 주셨는데, 오늘은 내일 설명회 준비도 있어서 사양하겠습니다.

장　오카다 씨는 정말 꼼꼼한 분이네요. 그럼 할 수 없지요.
회의가 끝나고 나서는 괜찮으시죠?

오카다　예, 그때는 같이 가시죠.

---

<table>
<tr><td>새로운 단어</td><td>手に持つ 손에 들다</td><td>気がつく 알아차리다, 눈치채다</td></tr>
<tr><td></td><td>不審な荷物 수상한 짐</td><td>搭乗しはじめる 탑승하기 시작하다</td></tr>
<tr><td></td><td>寄っていく 들렀다 가다</td><td>立ち寄る 들리다</td></tr>
<tr><td></td><td>カラオケ・バー 가라오케 바, 단란주점</td><td>せっかくのお誘い 모처럼의 권유</td></tr>
<tr><td></td><td>ご遠慮する 사양하다</td><td>几帳面な方 꼼꼼한 분</td></tr>
<tr><td></td><td>仕方ありません 할 수 없지요</td><td></td></tr>
</table>

❶ 상대가 예정 시간보다 늦게 나오더라도 그 이유를 추궁하듯 묻는 것은 실례가 된다.

❷ 여행자는 늘 짐을 들고 있다는 점을 숙지하여, 신속하게 **상대의 짐을 받아 주는 센스가 필요하다.**

❸ 여행지에 도착한 날은 특별한 스케줄이 없는 한, 상대가 편안히 쉬도록 배려해야 한다. 기내에서의 피곤함도 있고, 다음 날 미팅이나 일정 등 준비할 일이 있을 수 있으므로 도착 후에 무리하게 접대를 하려고 하는 것은 좋지 않다.

**Expression**

▶ 기내 관련 표현

1 私はベジテリアンですから、肉なしでお願いします。
전 채식주의자라 고기 없이 부탁드립니다.

2 氷なしのお水お願いします。
얼음 넣지 않은 물 주세요.

3 日本の朝刊新聞もらえますか。
일본 조간신문을 주시겠어요?

4 税関申告書を一枚ください。
세관신고서 한 장 주세요.

▶ 비즈니스 기본 표현

**1** 機内で何回も案内放送が流れたので、すこし緊張しましたよ。
館内
空港

기내에서 몇 번이나 안내 방송이 나와서 다소 긴장했습니다.
관내
공항

**2** ところで、村上さんは韓国のご訪問は何回目ですか。

アメリカ　　　はじめて
中国　　　　2回目

그런데 무라카미 씨는　　한국　　방문은　몇 번째입니까?
　　　　　　　　　　　　미국　　　　　처음
　　　　　　　　　　　　중국　　　　　두 번째

**3** 日本とアメリカの両国でご活躍されてますね。
中国とタイ

フランスとドイツ

일본과 미국　　　양국에서 활약하시는군요.
중국과 태국
프랑스와 독일

**4** 今日はごゆっくりお休みになってください。
楽しんで
ご覧

오늘은 천천히　　쉬세요.
　　　　　　　　즐겨
　　　　　　　　관람해

《車内》

金 今日は気象状況が悪くて、大変驚かれましたでしょう。

村上 ええ、機内で何回案内放送が流れたので、すこし緊張しましたよ。

金 飛行機は気流によく影響されますからね。

ところで、村上さんは韓国のご訪問は何回目ですか。

村上 そうですね。2000年度から年に一度は来てますから、今回で四回目ですね。

金 そうでしたら韓国にはもうお詳しいでしょうね。

村上 いいえ、来る度にソウルはよく変わりますし、仕事を済ませたらすぐ本社ののアメリカへ帰るので、そんなに詳しいとは言えませんね。

金 そうですか。日本とアメリカの両国でご活躍されてますね。すごいですね。

村上 いいえ、すごいってそんなことありません。半年は日本で半年はアメリカという具合いです。

金 あ、もうホテルに着きました。

今日はごゆっくりお休みになってください。あしたの朝8時ホテルのロビーでお待しておりますから。

村上 今日はどうもありがとうございました。

........................................................

《차 안》

김　　　　오늘은 기상 상황이 나빠서 많이 놀라셨죠?
무라카미　예, 기내에서 몇 번이나 안내 방송이 나와서 다소 긴장했습니다.
김　　　　비행기는 기류에 아주 영향을 잘 받으니까요.
　　　　　그런데 무라카미 씨는 한국 방문은 몇 번째입니까?
무라카미　글쎄요. 2000년도부터 일 년에 한 번은 왔으니까, 이번이 네 번째네요.
김　　　　그럼 한국에 대해서는 잘 아시겠네요?
무라카미　아뇨, 올 적마다 서울은 자주 변하고, 일을 끝내면 곧 본사인 미국으로 돌아가서 그렇게 잘 안다고는 할 수 없지요.

김　　　　그러세요? 일본과 미국 양국에서 활약하시는군요. 굉장하시네요.

무라카미　아뇨, 굉장하다니 그렇지 않습니다.

　　　　　반년은 일본에서, 반년은 미국에서 이런 식입니다.

김　　　　아, 이제 호텔에 도착했습니다.

　　　　　오늘은 천천히 쉬세요. 내일 아침 8시에 호텔 로비에서 기다리겠습니다.

무라카미　오늘은 정말 감사했습니다.

**새로운 단어**

気象状況(きしょうじょうきょう) 기상 상황

影響(えいきょう)される 영향 받다 (影響(えいきょう)する의 수동형)

驚(おどろ)かれる 놀라시다 (驚(おどろ)く의 존경어)

案内放送(あんないほうそう)が流(なが)れる 안내 방송이 나오다

何回(なんかい)め 몇 번째

来(く)る度(たび)に 올 적마다

変(か)わる 변하다

すごい 대단하다, 굉장하다

仕事(しごと)を済(す)ます 일을 끝내다

具合(ぐあ)い 식, 방법, 형편, 사정

▶ 비즈니스 기본 표현

**1** 今日は課長の李のかわりに私がお出迎えに参りました。
　　　　　　　　　　　　　　見送り
　　　　　　　　　　　　　　参加

오늘은 이 과장님 대신 제가　　　마중　　　나왔습니다.
　　　　　　　　　　　　　　　　환송
　　　　　　　　　　　　　　　　참가하러

**2** 今日はひどい雨で、すこし心配でしたが、無事にお着きになり安心しました。
　　　台風
　　　大雪

오늘은　폭우라서　　다소 걱정했는데, 무사히 도착하셔서 안심했습니다.
　　　태풍
　　　폭설

**3** これからまっすぐ会社の打ち合わせにご参席ですね。
　　　　　　　　　　説明会
　　　　　　　　　　講演会

지금부터 곧바로　　회사 협의에　　　　　참석하시죠?
　　　　　　　　　설명회
　　　　　　　　　강연회

**4** 今の道路事情ですと 3時までには十分行けると思います。
　　　速度
　　　状況

지금의 도로 사정이라면,　　3시까지는 충분히 갈 수 있습니다.
　　　속도
　　　상황

《入国ロビーで丁さんは「日本物産金子進一様」という紙を持っている》

金子　あの、日本物産の金子進一ですが。

丁　　金子でいらっしゃいますか。私、第一物産の丁と申します。

　　　今日は課長の李のかわりに私がお出迎えに参りました。

　　　どうぞよろしくお願いします。

金子　こちらこそよろしく

丁　　お荷物はこれだけですか。私がお持ちいたします。

金子　あ、どうもすみません。

丁　　今日ははひどい雨ですこし心配でしたが、無事にお着きになり安心しました。

金子　確かに韓国の上空を飛んでいる時には外が真っ暗で、かみなりもすごかったです。

丁　　最近ひどい雨で、あちこちが水害で大変です。

　　　ところで、これからまっすぐ会社の打ち合わせにご参席ですね。

金子　はい、午後3時からですが。

丁　　はい、分かりました。今の道路事情ですと、3時までには十分行けると思います。

金子　ありがとうございます。よろしくお願いします。

---

《입국 로비에서 정 씨는 '일본물산 가네코 신이치 씨'라고 쓴 종이를 들고 있다》

가네코　저, 일본물산의 가네코 신이치인데요.

정　　　가네코씨이시군요? 전 제일물산의 정이라고 합니다.

　　　　오늘은 이 과장님 대신 제가 마중 나왔습니다.

　　　　부디 잘 부탁드립니다.

가네코　저야말로 잘 부탁합니다.

정　　　짐은 이것뿐인가요? 제가 들겠습니다.

| | |
|---|---|
| 가네코 | 예, 대단히 감사합니다. |
| 정 | 오늘은 폭우로 조금 걱정했는데 무사히 도착하셔서 안심했습니다. |
| 가네코 | 확실히 한국 상공을 날고 있을 때에는 바깥이 까맣고, 천둥도 굉장했습니다. |
| 정 | 최근 폭우로 여기저기가 수해로 난리입니다. |
| | 그런데, 지금 바로 회사 협의회에 참석하시죠? |
| 가네코 | 예, 오후 3시부터인데요. |
| 정 | 예, 알겠습니다. 지금의 도로 사정이라면 3시까지는 충분히 갈 수 있습니다. |
| 가네코 | 알겠습니다. 잘 부탁합니다. |

**새로운 단어**

出迎え 마중

ひどい雨 폭우

お着きになる 도착하시다 (着くの존경어)

真っ暗だ 새까맣다

かみなり 천둥

水害 수해

行ける 갈수있다

## 2 호텔 ホテル

이런 상황 생각해 봅시다

| | |
|---|---|
| 崔 | 小川さんとの待ち合わせの場所がロビーだったのか、コーヒーショップだったのか、よく覚えてないな。<u>困ったな。とにかく部屋にあがってみよう。</u>❶ |

《小川さんの部屋をノックする。しばらくして中で声がする》

| | |
|---|---|
| 小川 | はい、どちら様ですか。 |
| 崔 | あの、ナラ貿易の崔ですが。 |
| 小川 | あ、崔さん、どうしたんですか。待ち合わせの時間は確か8時ロビーじゃありませんか。 |
| 崔 | あの、それがですね、私うっかりして7時だと思ってました。それにロビーだったのかコーヒーショップだったのかよく分からなくて、とにかく部屋にあがってみました。 |
| 小川 | あ、そうですか。（すこし渋い顔で答える） |
| 崔 | <u>（部屋のあちこちを見回りながら）さすが、高いホテルは違いますね。眺めもいいし、家具も高価なものばかりですね。</u>❷ |
| 小川 | あの申し訳ないですが、起きたばかりなので、でかける用意を全然してませんが。 |
| 崔 | あ、どうぞ、ごゆっくり。私はおかまいなく。 |
| 小川 | あの、できればロビーのほうで待っていただけませんか。会社のほうに電話もしなければなりませんし。 |
| 崔 | あ、すみません。分かりました。 |

| 최 | 오가와 씨와의 약속 장소가 로비였는지, 커피숍이었는지 잘 기억이 안 나는군. 어쩌지? 아무튼 방으로 올라가 보자. |
|---|---|
| | 《오가와 씨의 방을 노크한다. 잠시 후 안에서 소리가 난다》 |
| 오가와 | 예, 누구세요? |
| 최 | 저, 나라무역의 최입니다. |
| 오가와 | 아, 최 씨, 무슨 일이세요? 약속 시간은 분명히 8시 로비 아니었나요? |
| 최 | 저, 그게 말이죠, 제가 깜빡해서 7시로 생각했습니다. 게다가 로비였는지 커피숍이었는지 잘 몰라서 아무튼 방에 올라왔습니다. |
| 오가와 | 아, 그러세요? (조금 씁쓸한 얼굴로 대답한다) |
| 최 | (방 여기저기를 둘러보면서) 과연 비싼 호텔은 다르군요. 전망도 좋고, 가구도 고가품뿐이군요. |
| 오가와 | 저, 죄송한데요, 지금 막 일어나서 외출할 준비를 전혀 못해서요. |
| 최 | 천천히 하세요. 저는 신경 쓰지 않으셔도 되니까요. |
| 오가와 | 저, 가능하면 로비에서 기다려 주시겠습니까? 회사에 전화도 해야 해서요. |
| 최 | 아, 죄송합니다. 알겠습니다. |

**새로운 단어**

待ち合わせ 만나기로 약속함

うっかりする 깜빡하다

渋い顔 씁쓸한 얼굴

起きたばかりだ 방금 일어나다, 막 일어나다

私はおかまいなく 나는 상관하지 말고

待っていただけませんか 기다려 주시겠습니까?

声がする 소리가 나다

高価 고가

さすが 듣던 바대로, 역시, 과연

用意 준비

でかける 외출하다, 나가다

**Business Tip**

❶ **호텔로 픽업하러 갔을 때,** 상대가 묵고 있는 객실까지 찾아가는 것은 대단한 실례이다. 부득이한 경우라면 먼저 전화를 걸어 허락을 구하는 것이 좋다.

❷ **부득이하게 객실까지 가게 되었더라도 그곳은 상대의 프라이버시 공간이므로 용건이 끝나면 빨리 나오는 것이 좋다.** 방 여기저기를 둘러보는 것은 상대의 기분을 상하게 할 수 있으므로 주의해야 한다.

▶ **비즈니스 기본 표현**

**1** これから水原にあります工場へ行きますが、よろしいですか。

       本社
       現場

| 지금부터 수원에 있는 | 공장에 | 가는데 괜찮으십니까? |
| --- | --- | --- |
| | 본사 | |
| | 현장 | |

**2** 今の時間に車で行きますと　約1時間で着くと思います。

           30分
           4時間

| 지금 시간에 차로 가면 | 약 1시간이면 | 도착할 겁니다. |
| --- | --- | --- |
| | 30분 | |
| | 4시간 | |

**3** 何か私にお手伝いできることはございませんか。

       参加
       加入

| 뭐 제가 | 도울 | 수 있는 일은 없습니까? |
| --- | --- | --- |
| | 참가할 | |
| | 가입할 | |

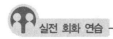 

《ホテルのロビー》

有　木下さん、おはようございます。

木下　あ、有さん、おはようございます。今日も大変お世話になります。

有　いいえ、当然のことです。これから水原にあります工場へ行きますが、よろしいですか。

木下　はい、ところで水原ってソウルからどのぐらいかかりますか。

有　今の時間に車で行きますと 約1時間で着くと思います。

木下　あ、そうですか。そうすると 日本の本社にちょっとメールを送らないといけませんが、20分後に出発してもいいですか。

有　はい、時間は十分ありますからどうぞ。何か私にお手伝いできることはございませんか。

木下　いいえ、大丈夫です。どうも。

《호텔 로비》

유　　　아, 기노시타 씨, 안녕하세요?

기노시타　아, 유 씨, 안녕하세요. 오늘도 신세 많이 지겠습니다.

유　　　아니요, 당연한 일이죠. 지금부터 수원에 있는 공장에 가는데, 괜찮으세요?

기노시타　예, 그런데 수원은 서울에서 어느 정도 걸리나요?

유　　　지금 시간에 차로 가면 약 한 시간이면 도착할 겁니다.

기노시타　아, 그렇습니까? 그럼, 일본 본사에 잠시 메일을 보내야 하는데, 20분 후에 출발해도 될까요?

유　　　예, 시간은 충분히 있으니까, 그렇게 하세요. 뭐 제가 도울 일은 없을까요?

기노시타　아니요, 없습니다. 감사합니다.

새로운 단어

当然のことだ 당연한 일이다　　かかる (시간, 거리) 걸리다

本社 본사　　手伝う 돕다

▶ 비즈니스 기본 표현

**1** ソウル物産の本ですが、朝食はどうされましたか。

　　　　　　　　　　昼食

　　　　　　　　　　夕食

서울물산의 본인데요,　　　　아침식사는 어떻게 하셨습니까?
　　　　　　　　　　　　　점심식사
　　　　　　　　　　　　　저녁식사

**2** 今1階の食堂におりますが、よろしければご一緒にいかがですか。

　　コーヒー・ショップ

　　居酒屋

지금 1층 식당에　　　있는데, 괜찮으시면 같이 어떠세요?
　　커피숍
　　술집

**3** じゃ、何になさいますか。和食もできるそうですが。

　　　　　　　　　　　洋食

　　　　　　　　　　　中華料理

그럼 뭐로 하시겠습니까?　　일식도　되는 것 같은데요.
　　　　　　　　　　　　　양식
　　　　　　　　　　　　　중화요리

**4** それじゃお飲み物はミルクとコーヒーとどちらがよろしいですか。

　　　　　　　　　緑茶と紅茶

　　　　　　　　　ビールとワイン

그럼 마실 것은　　　우유와 커피　　　어느 쪽이 좋으세요?
　　　　　　　　　녹차와 홍차
　　　　　　　　　맥주와 와인

《辻さんの部屋に電話をかける》

本　おはようございます。

　　ソウル物産の本ですが、朝食はどうされましたか。

　　今1階の食堂におりますが、よろしければご一緒にいかがですか。

辻　あ、本さん、私も今ちょうど食堂に行こうと思ったところです。

　　1階の食堂ですね。すぐ下ります。

《食堂》

本　ここです。辻さん。

辻　あ、本さん、昨日はどうもありがとうございました。

本　いいえ、とんでもございません。

　　私も日本ではいつも辻さんにお世話になっておりますから。

　　じゃ、何になさいますか。和食も出来るそうですが。

辻　簡単にモーニング・セットにします。

本　それじゃお飲み物はミルクとコーヒーとどちらがよろしいですか。

辻　コーヒーにします。

---

《츠지 씨의 방에 전화를 걸다》

본　안녕하세요. 서울물산의 본인데요, 아침식사는 어떻게 하셨나요?
　　지금 1층 식당에 와 있는데, 괜찮으시면 같이 어떠세요?

츠지　아, 본 씨, 저도 지금 마침 식당에 가려던 참입니다.
　　1층 식당이죠? 곧 내려가겠습니다.

《식당》

본　여기입니다. 쓰지 씨.

츠지　아, 본 씨, 어제는 대단히 감사했습니다.

본　아뇨, 별말씀을. 저도 일본에서는 늘 츠지 씨에게 신세를 졌으니까요.
　　자, 어떤 것으로 하시겠습니까? 일식도 된다고 하는 것 같은데요.

쓰지　간단하게 모닝 세트로 하겠습니다.

본　그럼 마실 것은 우유와 커피 어느 쪽이 좋으세요?

츠지　커피로 하겠습니다.

**새로운 단어**

朝食 <sub>ちょうしょく</sub> 아침식사

どうされましたか 어떻게 하셨습니까?

よろしければ 괜찮으시면, 좋으시면

思ったところだ 막 생각했던 참이다

和食 일식

モーニング・セット 모닝 세트(간단한 아침식사 메뉴)

ミルク 우유

---

## Expression

### 일본 음식

| | |
|---|---|
| さしみ | 각종 생선회를 총칭한다. |
| なべもの | 냄비요리. 냄비에 다양한 재료를 넣어 끓이면서 먹는다. |
| 串焼 | 해산물, 고기, 야채 등 각종 재료를 꼬치에 꽂아 구운 것. |
| 寿司 | 초밥의 총칭한다. にぎり寿司, 稲荷寿司, ちらし寿司 등이 있다. |
| しゃぶしゃぶ | 얇게 저민 고기를 끓는 다시 국물에 살짝 데쳐서 양념장을 찍어 먹는다. |
| 炉端焼 | 화롯가에서 굽는다는 뜻의 즉석 구이 요리. |
| 鉄板焼 | 철판 위에 고기나 야채 등을 올려놓고 구우면서 먹는다. |
| 丼飯 | 덮밥종류 총칭한다. 牛丼, 親子丼, えび丼, 天丼, カツ丼 등이 있다. |

# 02 見送り
## 배웅

### 1 공항 空港

| | |
|---|---|
| 李 | 加山さん、もう空港に着きました。 |
| 加山 | あの、李さん、<u>ここは入国ロビーじゃありませんか。</u>❶ |
| 李 | あ、大変申し訳ございません。市内から空港までの道路があまりにも込み合ったので、うっかりして出国ロビーと勘違いしました。 |
| 加山 | 出発の時間まであまりないから、悪いですが、急いでくださいね。 |
| 李 | はい、分かりました。5分で行けますので、ご安心ください。<br>空港までの道がこんなに混み合うなんて、めずらしいことです。<br><u>いつもなら2時間で十分着くはずなのに。</u>❷ |
| 加山 | 道路事情というのはいつ、どう変わるか分かりませんからね。 |
| 李 | 大変申し訳ございません。<br>私は2時間で行けると思って、ホテルのほうに行くのも遅くなり、結局私のせいでいろいろとご迷惑をおかけしました。 |
| 加山 | いいえ、いろいろと気をつかっていただいて、どうもすみませんでした。 |

| | |
|---|---|
| 이 | 가야마 씨, 이제 공항에 도착했습니다. |
| 가야마 | 저, 이 씨, 여기는 입국 로비 아닌가요? |
| 이 | 아, 대단히 죄송합니다. 시내에서 공항까지의 도로가 너무 혼잡해서 깜박 출국 로비와 착각했습니다. |
| 가야마 | 출발 시간까지 얼마 남지 않았으니까 죄송하지만, 서둘러 주세요. |
| 이 | 예, 알겠습니다. 5분이면 갈 수 있으니까 안심하세요. 공항까지의 도로가 이렇게 혼잡하다니 드문 일입니다. 평소 같으면 2시간이면 충분히 도착할 텐데 말이죠. |

| 가야마 | 도로 사정이라는 것은 언제, 어떻게 변할지 모르니까요. |
|---|---|
| 이 | 대단히 죄송합니다. 저는 2시간이면 갈 수 있다고 생각해서 호텔로 가는 것도 늦고, 결국 저 때문에 여러 모로 폐를 끼쳤습니다. |
| 가야마 | 아뇨, 여러 가지로 신경을 써 주셔서 대단히 감사합니다. |

**새로운 단어**

入国ロビー 입국 로비

出国ロビー 출국 로비

勘違いする 착각하다, 혼동하다

急ぐ 서두르다

めずらしいこと 드문 일, 흔치 않은 일

いつもなら 평소 같으면

着くはず 도착할 터

私のせい 내 탓

遅くなる 늦어지다

ご迷惑をかける 폐를 끼치다

**Business Tip**

❶ 공항은 출국과 입국의 로비가 다른 만큼 **정확한 장소에 제 시간에 도착하도록 신경 써야 한다.**

❷ **공항까지 배웅을 할 경우에는,** 서울 시내에서의 소요 시간은 물론, 간선도로에서의 지체 여부까지를 충분히 고려해야 한다. 배웅하는 사람의 시간 계산 착오로 거래처 손님을 불안하게 하는 일은 실례가 된다.

**1** 明日は確か**午後2時の関西空港**行き、KE724便ですね。
　　　**午前9時の成田空港**
　　　**午後3時の福岡空港**

내일은 분명히　오후 2시 간사이공항행　　　　　　　KE724편이지요?
　　　　　　　오전 9시 나리타공항
　　　　　　　오후 3시 후쿠오카공항

**2** リコンファームはお済みでしょうか。
　　**予約**

　　**チェックアウト**

재확인은　　　끝내셨나요?
예약
체크아웃

**3** 昨日は**ひどい雨**でちょっと心配でした。
　　　**大雪**
　　　**濃霧**

어제는　폭우로　　　좀 걱정했습니다.
　　　　폭설
　　　　짙은 안개

**4** お陰様で貴社と**お取引**出来て当社としては大変助かりました。
　　　　　　　　**契約**
　　　　　　　　**共同制作**

덕분에 귀사와　　　거래가 성사되어 당사로서는 정말 도움이 되었습니다.
　　　　　　　　계약
　　　　　　　　공동제작

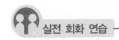
《出発の先日》

ガン
姜　山下さん、明日は確かに午後2時の関西空港行、KE724便ですね。

　　リコンファームはお済みでしょうか。

山下　はい、してあります。

ガン
姜　いつもならホテルから空港まで1時間半で着きます。

　　でも道路事情がどうなるか分かりませんから午前9時に出発する予定です

　　が、よろしいですか。

　　私が9時10分ぷん前にホテルのロビーでお待ちいたします。

山下　それはどうもすみません。


《当日》

ガン
姜　山下さん、おはようございます。出発される日がお天気で何よりですね。

　　昨日はひどい雨でちょっと心配でした。

山下　今回はいろいろと姜さんに大変お世話になりました。

ガン
姜　いいえ、お陰様で貴社と取引出来て当社としては大変助かりました。

........................................................

《출발 전 날》

강　야마시타 씨, 내일은 분명히 오후 2시 간사이공항행, KE724편이지요?

　　재확인은 하셨죠?

야마시타　예, 했습니다.

강　평소 같으면 호텔에서 공항까지 한 시간 반이면 도착합니다.

　　그렇지만 도로 사정이 어떨지 몰라서 오전 9시에 출발할 예정인데, 괜찮으세요?

　　제가 9시 10분전에 호텔 로비에서 기다리겠습니다.

야마시타　대단히 감사합니다.

《당일》

강　야마시타 씨, 안녕하세요? 출발하시는 날에 날씨가 좋아서 잘 됐네요. 어제는 폭우 때문에 다소 걱정했습니다.

야마시타　이번에는 여러모로 강 씨에게 신세 많이 졌습니다.

강　아뇨, 덕분에 귀사와 거래가 성사되어 당사로서는 대단히 도움이 됐습니다.

関西空港行き 간사이공항행

リコンファーム 재확인

お済みでしょうか 끝내셨는지요?

いつもなら 평소 같으면

お天気だ 좋은 날씨다

何よりだ 다행이다

助かる 도움이 되다

## Expression

▶ 항공 체크인 관련 표현

1 今日はあいにく満席でございます。
오늘은 공교롭게도 만석입니다.

2 ウェイティングでもいいですからお願いします。
웨이팅이라도 좋으니까 부탁합니다.

3 今はキャンセル待ちしかできませんが。
지금은 캔슬 대기밖에는 안 되는데요.

4 リア・シートにしてください。
뒷좌석으로 해 주세요.

▶ 비즈니스 기본 표현

**1** 先ほど、**案内放送**お聞きになりましたか。

**ニュース**

**速報**

| 조금 전 | 안내 방송 | 들으셨습니까? |
| --- | --- | --- |
| | 뉴스 | |
| | 속보 | |

**2** 今日の午後便からは**大雪**のため全路線が欠航になるそうです。

**異状気流**

**衛星の障害**

| 오늘 오후 편부터는 | 대설로 | 인해 전 노선이 결항된다고 합니다. |
| --- | --- | --- |
| | 이상기류 | |
| | 위성장애 | |

**3** 今夜からは晴れて**明日**は飛べるそうです。

**午前8時から**

**午後便から**

| 오늘 밤부터는 개서 | 내일은 | 뜰 수 있다고 합니다. |
| --- | --- | --- |
| | 오전 8시부터 | |
| | 오후 편부터 | |

**4** 今の天気では**ソウル市内に戻る**のも大変だと思います。

**空港へ行く**

**道路を走る**

| 지금 날씨로는 | 서울 시내로 되돌아가는 것도 큰일입니다. |
| --- | --- |
| | 공항에 가는 |
| | 도로를 달리는 |

| 李 | 石川さん、先ほど、案内放送お聞きになりましたか。 |
|---|---|
| 石川 | どんな放送ですか。 |
| 李 | 今日の午後便からは大雪のため全路線が欠航になるそうです。<br>今夜からは晴れて明日は飛べるそうです。 |
| 石川 | そうですか。朝はあまり積らなかったので安心してましたが、今は確かにひどい雪ですね。 |
| 李 | 今の天気ではソウル市内に戻るのも大変だと思います。<br>空港の近くにホテルがありますから、そちらのほうでお泊りになるのはいかがですか。私がご案内いたします。 |
| 石川 | そうするしかありませんね。李さんにはいろいろとお世話になりますね。 |
| 李 | いいえ。さあ、行きましょう。 |

| 이 | 이시가와 씨, 조금 전 안내 방송 들으셨습니까? |
|---|---|
| 이시카와 | 무슨 방송이요? |
| 이 | 오늘 오후 편부터는 대설로 인해 전 노선이 결항된다고 합니다.<br>오늘 밤부터는 개서 내일은 뜰 수 있다고 하는데요. |
| 이시카와 | 그렇습니까?<br>아침엔 별로 쌓이지 않아서 안심했는데, 지금은 확실히 폭설이네요. |
| 이 | 지금 날씨로는 서울 시내로 돌아가는 것도 큰일입니다.<br>공항 가까이에 호텔이 있으니까 그쪽에서 묵으시는 게 어떠세요?<br>제가 안내하겠습니다. |
| 이시카와 | 그렇게 할 수밖에 없군요.<br>이 씨에게는 여러 가지로 신세가 많네요. |
| 이 | 아뇨. 자, 가시죠. |

**새로운 단어**

| | |
|---|---|
| 先ほど 조금 전, 방금 | 案内放送 안내 방송 |
| お聞きになる 듣다(聞く의 존경어) | 積る 쌓이다 |
| 大雪 대설 | 欠航 결항 |
| 飛べる (비행기가) 뜰 수 있다 | お泊りになる 묵으시다(「泊る」의 존경어) |

## QC써클(QCサークル)

　QC써클이란 제 1선의 직장에서 일하는 사람들이 계속적으로 제품, 서비스, 업무 등을 질적으로 관리·개선해 나가는 소그룹을 말한다. 이 소그룹은 자주적으로 운영하며, QC 사고방식이나 방법 등을 활용하여 창조성을 발휘하고, 자기계발·상호계발을 꾀하는 활동을 해 나간다. 이 활동은 QC써클 멤버의 능력 향상, 자기실현, 밝고 활력에 넘치는 보람 있는 직장 만들기, 고객 만족의 향상 및 사회에의 공헌을 지향한다.

　경영 관리자는 이 활동을 기업의 체질 개선 발전에 기여시키기 위한 인재 육성, 직장 활성화 등 중요한 활동으로서 자리매김하고, TQM 등의 전사적(全社的) 활동의 실천, 인간성 존중, 전원 참가를 목표로 한 지도와 지원을 한다.

**참조**　『QCサークルの基本』, QCサークル本部(日本科学技術連盟)

# YKK

YKK는 지퍼를 만드는 회사다. 비상장 회사에 친인척들이 경영 일선에 참여하고 있으며 별반 기술력도 필요 없는 전형적인 로테크(Low Tech)회사다. 그러나 이 회사의 실적을 들여다보면 놀라게 된다. 2003~2005년 경상이익 합계는 미쓰비시중공업보다 많다고 한다. 임금 수준이 높은 것도 아니지만 직원들은 '일이 즐겁다'며 10~20년 가까운 장기 해외 주재 근무를 불평 없이 받아들인다.

이 회사의 어떤 점이 직원의 근무 만족도를 높이고 있는가?

첫 번째는 직원을 철저히 믿고 맡기는 경영 철학이다. YKK는 1992년 지퍼 사업을 위해 브라질에 진출한다. 다들 꺼리는 일이었으나 30대 초반의 한 직원이 나섰고 브라질로 시찰을 보냈다. 통신시설이 없는 정글로 들어간 탓에 첫 보고를 받은 것이 4개월 뒤였다. 본사에 보고도 안 된 상태에서 덜컥 사업까지 시작한 상태였다. 그러나 직원을 나무라는 대신 계속 추진해 보라고 격려해 사업은 대성공했고 매출이 크게 늘자 결국 8년 뒤에는 규모를 갖춘 농장을 얻을 수 있었다.

농장을 만들어낸 직원의 능력이 출중하기도 했지만 경영진의 전폭적인 지원도 타사에선 보기 힘든 사례이다. 이런 일이 가능한 것은 '믿고 맡긴다'는 YKK의 경영 철학 덕분이다. 요시다 사장은 직원들에게 "실패해서 곤란한 사람은 여러분이 아니라 사장인 나"라고 하며 "일의 성공, 실패에 연연하지 말고 끝까지 최선을 다해주길 바란다"고 당부한다. 직원을 의심하고 관리하는 관점이 아닌 믿고 맡기는 경영이 우선시되고 있다.

두 번째는 '선(善) 경영' 추구이다. 요시다 사장은 "우리는 자본주의 회사가 아니다"라고 자랑스럽게 말한다. 대신 '(노사가) 함께 일하는 주의'가 바로 YKK의 문화라고 설명한다. 창업주의 아들인 요시다 사장의 입사 후 첫 임무가 노조위원장이었던 것도 회사 분위기를 가늠할 수 있다. 자본주의의 '추악함'을 멀리하기 위해 '선(善) 경영'을 추구하며 우직하게 지퍼를 만드는 이 회사의 강점이 일본을 넘어 세계적으로 화제가 되고 있다.

참조  매일경제 wook@mk.co.kr
　　　원문 : 日経ビジネス  '지퍼로 세계 제패한 YKK'

# 문서 작성 요령과 예시

- E메일

- 상용문서

# 01 이메일

## ::: 작성 요령

- 메일 주소를 명확히 확인하고 보낸다.
- 첫 발송인 메일의 경우, 첫 행에서 자신의 신분을 밝힌다.
- 제목은 간결하고 알기 쉽게 적는다.
- 일반문서와 마찬가지로 결론부터 적는다.
- 메일 주소 외에도 휴대폰, 회사 홈페이지 등의 연락처도 명기한다.
- 중요한 사항일 경우에는 메일 송신 후 전화로 착신 여부를 확인한다.
- 수신메일은 수시로 체크하여, 확인 메일을 보내준다.

## ::: E메일에서 피해야 할 인사말

❋ 「おはようございます」, 「こんにちは」, 「こんばんは」

수취인이 어느 시각에 메일을 확인할지 모르기 때문에 시간과 관련된 인사는 피하는 것이 좋다.

❋ 「夜分遅く大変失礼いたします」

상대방을 배려한 인사지만, 상대가 메일을 읽는 것은 밤늦은 시간과는 무관할 수 있다. 자신이 메일을 쓰는 시간대와 상대가 메일을 확인하는 시간대가 다르다는 것을 염두에 둔다.

❋ 「いつもお世話になっております」

서신이나 구두로 하는 이 인사말은 화자의 감정과 마음이 어느 정도 전달되지만, 모니터 화면에서는 감정은 사라지고 정보만 남기 때문에 격식을 차린 인사는 아무 의미가 없다.

❋ 「お忙しいところ申し訳ございません」

이메일은 시간과 공간을 초월한 교류의 장이다. 따라서 지나치게 상대의 기분이나 상황을 살피는 인사말은 별다른 감흥을 주지 못한다.

| 件 名 | 出荷ご通知の件 | ⬇ |
|---|---|---|
| 発信者 | ハナ産業 営業部 李海那(LEE HE-NA) | ⬇ |
| 受信者 | 三井物産 貿易部 木村勝見様 | ⬇ |
| 日 付 | 2018.3.15(Fri) | ⬇ |

木村様

はじめまして。ハナ産業営業部の李海那(LEE HE-NA)と申します。

メールにて失礼いたします。

3月から貴社への出荷業務を担当することになりました。

これからは出荷に関することは何なりと私にお問い合わせくださいませ。

さて、去る2月 2日ご注文いただきました商品NO215は、本日3月15日
船便で発送いたしました。貴着のうえはご検収のほどお願い申し上げます。

今後ともよろしくお願いいたします。

| 건 명 | 출하통지 건 | ⬇ |
|---|---|---|
| 발신자 | 하나산업 영업부 이해나 | ⬇ |
| 수신자 | 미쓰이 물산 무역부 기무라 가쓰미 씨 | ⬇ |
| 날 짜 | 2018. 3. 15 (금) | ⬇ |

기무라 씨
처음 뵙겠습니다. 하나산업 영업부의 김해나라고 합니다.
메일로 실례가 많습니다.
3월부터 귀사의 출하 업무를 담당하게 되었습니다.
이제부터 출하에 관한 것은 무엇이든 저에게 문의해 주십시오.
그리고, 지난 2월 2일에 주문하신 상품 NO215는 금일 3월 15일 선편으로 발송하였습니다.
도착하면 검수해 주시기를 부탁드립니다.
앞으로 잘 부탁드리겠습니다.

## 2 안면이 있는 경우(面識のある場合)

| | |
|---|---|
| 件名 | 部長就任の件 |
| 発信者 | ウリ産業 輸出1部 李海那(LEE HE-NA) |
| 受信者 | 三井物産 貿易部 村田收様 |
| 日付 | 2018.6.1(Mon) |

村田様

お久しぶりでございます。この前ソウルに来られた時はいろいろと貴重な資料をいただき、大変ありがとうございました。

これからの新製品開発に大変役に立つと思います。

さて、私はこのたび李時河の後任として輸出1部長に就任いたしました。

つきましては、微力ながら新職務の遂行に専心努力するつもりですので、今後ともご指導ご鞭撻を賜りますようお願い申し上げます。

まずは略儀ながらメールをもって、ごあいさつかたがたお願い申し上げます。

| | |
|---|---|
| 건 명 | 부장 취임 건 |
| 발신자 | 우리산업 수출1부 이해나(LEE HE-NA) |
| 수신자 | 미쓰이물산 무역부 무라타 오사무 씨 |
| 날 짜 | 2018. 6. 1 (월) |

무라타 씨

오랜만입니다. 일전에 서울에 오셨을 때는 여러 가지로 귀중한 자료를 주셔서 대단히 감사했습니다.

앞으로의 신제품 개발에 상당히 도움이 될 겁니다.

그런데, 저는 이번에 이시하의 후임으로 수출1부장으로 취임하였습니다.

그래서 미력하나마 새로운 업무 수행에 전심 노력할 작정이오니, 앞으로도 지도편달 주시옵기를 부탁드립니다.

우선은 간략하게나마 메일로 부탁 말씀 올립니다.

# 02 상용문서

- 상용문서를 발신하는 목적은 비즈니스를 원활하게 진행시키기 위해서인데, 후에 문제가 발생할 경우 중요한 증거 자료가 되기 때문에 각별히 주의해서 작성해야 한다.

- 어느 문서든지 답장을 받기 쉽도록, 상대를 배려해서 작성하는 것이 중요하다.

- 항의장, 재촉장 등 상대의 심기를 상하게 할 수 있는 문서를 발송할 경우에는 자칫 감정적으로 흐르기 쉬우므로 각별한 주의가 필요하다. 이때 사실 확인을 하지 않고 추측만으로 글을 쓰거나, 상대를 비난하는 말을 반복하는 등의 글은 피하는 것이 좋다.

- 문장은 간결하게 써야 하며 핵심을 벗어난 완곡한 표현은 피하는 것이 좋다.

- 문말(文末)의 표현이 부정문이나 의문문으로 끝나면 문의(文意)를 잘못 이해하기 쉬우므로 긍정문으로 쓰도록 한다.

- 문장은 읽어서 취지를 이해하기 쉽고 간단하게 쓰는 것이 중요하다. 딱딱하고 고루한 표현은 피하되, 지나치게 멋을 내는 것도 상용문서로서는 적합하지 않다.

- 결론을 먼저 서술한다. 상대가 가장 알고 싶어 하는 것은 해당 건에 대한 성패 여부이므로 서론이나 본론보다도 결론을 먼저 쓴다.

- 작성 후 반드시 검토를 해서, 오자(誤字)나 잘못된 문장으로 인한 문제가 생기지 않도록 각별한 주의한다.

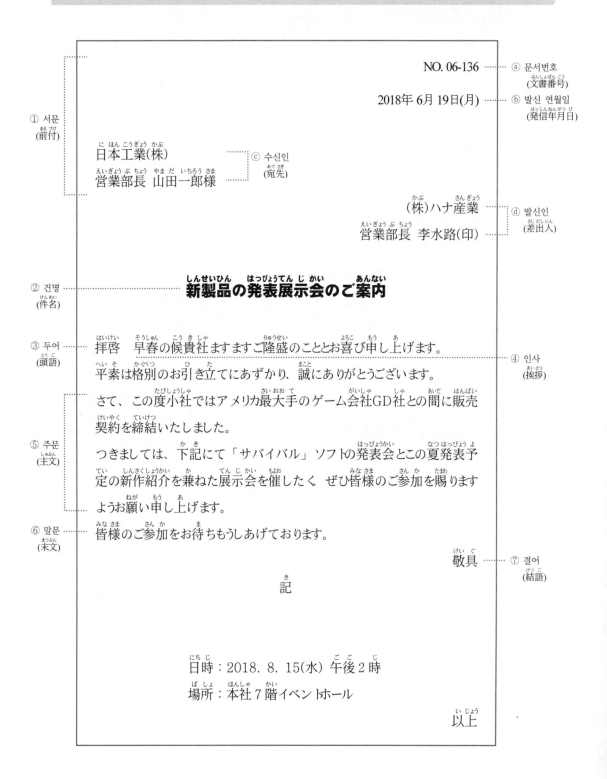

① 서문
(前付)

NO. 06-136 ······ ⓐ 문서번호
(文書番号)

2018年 6月 19日(月) ······ ⓑ 발신 연월일
(発信年月日)

日本工業(株)
営業部長 山田一郎様 ┈┈┈ ⓒ 수신인
(宛先)

(株)ハナ産業 ┈┈┈ ⓓ 발신인
営業部長 李水路(印) (差出人)

② 건명
(件名)

**新製品の発表展示会のご案内**

③ 두어
(頭語)

拝啓　早春の候貴社ますますご隆盛のこととお喜び申し上げます。 ······ ④ 인사
平素は格別のお引き立てにあずかり、誠にありがとうございます。 (挨拶)

⑤ 주문
(主文)

さて、この度小社ではアメリカ最大手のゲーム会社GD社との間に販売
契約を締結いたしました。

つきましては、下記にて「サバイバル」ソフトの発表会とこの夏発表予
定の新作紹介を兼ねた展示会を催したく ぜひ皆様のご参加を賜ります
ようお願い申し上げます。

⑥ 말문
(末文)

皆様のご参加をお待ちもうしあげております。

敬具 ······ ⑦ 결어
(結語)

記

日時：2018. 8. 15(水) 午後 2 時
場所：本社 7 階イベントホール

以上

일본공업(주)

영업부장 야마다 이치로 씨

(주)하나산업

영업과장 이수로(인)

## 신제품 발표 전시회 안내

삼가 아룁니다. 조춘의 계절, 귀사 더욱 번창하심을 경하드립니다.

평소에는 각별한 배려를 받자와 대단히 감사합니다.

그런데 이번에 당사에서는 미국 최대 게임 회사인 GD사와 판매 계약을 체결했습니다.

그래서 하기와 같이 「서바이벌」 소프트의 발표회와 올 여름 발매 예정인 신작 소개를

겸한 전시회를 개최하고자 하오니, 부디 여러분의 참가를 부탁드립니다.

여러분의 참가를 기다리고 있겠습니다.

몇 자 아뢰었습니다.

기

일 시 : 2018년 8월 16일(수) 오후 2시

장 소 : 본사 7층 이벤트 홀

이상

① 서문(前付)

ⓐ 문서번호(文書番号) - 정식 문서라는 것을 증명한다.

ⓑ 발신 연월일(発信年月日) - 원칙적으로 문서 발송일로 하며, 일본 연호 대신, 서기(西紀)로 표기한다.

ⓒ 수신인(宛先) - 회사명은 약칭 또는 약자를 쓰지 않고 풀네임으로 쓴다. 경칭도 수신인에 따라 구분하여 쓴다.

| 경칭의 사용법 | 기업·단체·관공서 등의 조직 | 御中 |
| | 관직명이 없는 개인 | 様 |
| | 관직명이 있는 개인 | 殿 |
| | 복수의 사람 앞으로 송부하는 경우 | ご一同様 |
| | 동일한 문서를 다수의 사람에게 송부할 때 | 各位 |

ⓓ 발신인(差出人) - 발신자의 성명 다음에 날인을 하는 경우도 있다.

② 건명(件名)  한눈에 알 수 있도록 간결하고 알기 쉽게 쓴다. 인사장의 경우 생략하는 경우도 있다.

③ 두어(頭語)  첫 인사말로, 생략하지 않는다.

| 일반적인 경우 | 拝啓 | 謹啓 | 恭敬 | 謹呈 | 拝呈 |
| 인사말 생략 경우 | 前略 | 急啓 | 冠省 | | |
| 답장의 경우 | 拝復 | 拝答 | 復啓 | | |

④ 인사(挨拶)  계절인사, 안부인사, 감사인사로 이루어져 있다.

⑤ 주문(主文)  문서에서 가장 중요한 부분으로「さて」,「つきましては」,「このたび」 등으로 시작한다.

⑥ 말문(末文)  서신의 결말을 짓는 동시에 주문(主文)의 내용을 상대에게 다시 한 번 확인시키는 역할을 한다.

⑦ 결어(結語)  서신의 맺음말로서 생략할 수 없다.

## 教育資材ご注文について

拝啓　貴社ますますご隆盛のこととお喜び申し上げます。

日ごろ当社の教育資材に対し格別のお引き立てにあずかり、厚くお礼申し上げます。

　　　さて、5日6日付けで商品ＮＯ234の注文書をいただきました。

しかしあいにくお申し越しの品は現在改訂中のため、ご要望の数が当分にございません。

教育資材の入庫次第ご連絡いたします。何卒あしからずご了承ください。

　　　まずは、ご連絡まで。

敬具

---

### 교육자재 주문에 대해

삼가 아룁니다. 귀사 더욱 번창하심을 경하드립니다.

평소 당사의 교육자재에 대해 각별한 관심을 가져 주셔서 깊이 감사의 인사를 드립니다.

그런데, 5월 6일 부로 상품 NO234의 주문서를 받았습니다.

하지만 공교롭게도 신청하신 물품은 현재 개정 중이어서 원하시는 수량이 당분간은 없습니다.

교육자재가 입고되는 대로 연락드리겠습니다.

부디 나쁘게 생각지 마시고 이해해 주십시오.

우선은 연락을 드립니다.

삼가 몇 자 아뢰었습니다.

---

**取引条件変更の件**

拝啓　時下ますますご清祥のこととお喜び申し上げます。
平素は格別のお引き立てを賜り、厚くお礼申し上げます。
　　さて、これまで貴社より仕入れております商品NO789の取引条件
につき、発送費、納入方式、支払い条件に関して誠に勝手ながら今後は
下記のように変更させていただきたくお知らせ申し上げます。
　　これにつきまして、もしご不審な点などございましたら、なるべく早目にお
申し出くださいますようお願いします。

敬具

記

1. 発送費　　　........................
2. 納入方式　　........................
3. 支払い条件　........................
4. 開始日付　　........................

以上

---

**거래 조건 변경 건**

삼가 아룁니다. 목하 더욱더 번창하심을 경하드립니다.
평소에는 각별한 보살핌을 받자와 깊이 감사의 인사 말씀을 올립니다.
그런데, 지금까지 귀사에서 매입해 오던 상품 NO789의 거래 조건에 대해 발송비용, 납입 방식, 지불
조건에 관해 참으로 외람되오나 앞으로는 하기와 같이 변경하고자 알려 드립니다.
이 점에 대해 만일 의심나시는 점이 있으시면 가능한 한 조속한 시일 내에 제의해 주시기를 부탁드립니다.
삼가 몇 자 아뢰었습니다.

기

1. 발송비　　........................
2. 납입 방식　........................
3. 지불 조건　........................
4. 개시 일시　........................

이상

## 見積書ご依頼の件

拝啓　貴社ますますご隆盛のこととお喜び申し上げます。
さて、貴社取扱品に関し下記の内訳のように至急見積書をご送付くださるよ
うお願いいたします。

敬具

記

1. 品名　　　　　_____
2. 数量　　　　　_____
3. 受渡期日　　　_____
4. 支払条件　　　_____
5. 運送方法　　　_____

以上

---

### 견적서 의뢰 건

삼가 아룁니다. 귀사 더욱 번창하심을 경하드립니다.
그런데, 귀사 취급품목에 관하여 하기의 내역과 같이 속히 견적서를 송부해 주시기를 부탁 말씀드립니다.
삼가 몇 자 아뢰었습니다.

기

1. 품명　　　　　_____
2. 수량　　　　　_____
3. 상환 인도 기일　_____
4. 지불 조건　　　_____
5. 운송 방법　　　_____

이상

## 商品注文のお願い

拝啓　時下ますますご清栄のこととお喜び申し上げます。

さて、御社の製品カタログの中から、下記の商品につき、注文申し上げますので、よろしくお願いいたします。

敬具

記

商品番号：ＮＭ412、1500個、カラー　ホワイト　サイズー Ｓ

納期　：6月12日

納品場所：本社事務課

支払い：毎月末日締切り、翌月全額銀行振り込み

送料：御社負担

以上

---

### 상품 주문 부탁

삼가 아룁니다.

목하 더욱 번영하심을 경하드립니다.

그런데, 귀사의 카탈로그에서 하기의 상품에 대해 주문하오니 잘 부탁드립니다.

몇 자 아뢰었습니다.

기

상품 번호 : NM412, 1500개, 컬러 - 화이트, 사이즈 - S

납기 : 6월 12일

납품 장소 : 본사 사무과

지불 : 매월 말일 마감, 다음달 전액 은행 입금

송료 : 귀사 부담

이상

**応接セット代金請求の件**

**日本商事御中**

拝啓　早春の候、御社におかれましてはますますご清栄のこととお喜び申し上げます。

平素は格別のお引き立てにあずかり、誠にありがとうございます。

　　さて、2月25日貴社にお納めいたしました応接セットの代金は、別紙請求書の通りでございます。

ご確認の上、4月末日までにお支払くださいますよう、よろしくお願い申し上げます。

敬具

---

**응접세트 대금 청구 건**

일본상사귀중

삼가 아룁니다. 조춘의 계절 귀사 더욱더 번창하심을 경하드립니다.

평소에는 각별한 보살핌을 받자와, 대단히 감사 말씀 드립니다.

그런데, 2월 25일 귀사에 납입한 응접 세트의 대금은 별지 청구서와 같습니다.

확인하신 후에 4월 말일까지 지불해 주시기를 부탁드립니다.

삼가 아뢰었습니다.

---

**商品在庫状況<sup>しょうひんざいこじょうきょう</sup>のご照会<sup>しょうかい</sup>**

拝啓<sup>はいけい</sup>　貴社<sup>きしゃ</sup>ますますご隆盛<sup>りゅうせい</sup>のこととお喜<sup>よろこ</sup>び申<sup>もう</sup>し上<sup>あ</sup>げます。毎々格別<sup>まいまいかくべつ</sup>なる引<sup>ひ</sup>き立<sup>た</sup>てを賜<sup>たまわ</sup>り、厚<sup>あつ</sup>くお礼<sup>れい</sup>申<sup>もう</sup>し上<sup>あ</sup>げます。

　さて、私<sup>かたし</sup>どもは商品<sup>しょうひん</sup>ＮＯ21を改良<sup>かいりょう</sup>した新製品<sup>しんせいひん</sup>の販売戦略<sup>はんばいせんりゃく</sup>を計画<sup>けいかく</sup>するため、現在各代理店<sup>げんざいかくだいりてん</sup>に在庫状況<sup>ざいこじょうきょう</sup>を確認<sup>かくにん</sup>させていただいております。

つきましては、ご多用中<sup>たようちゅう</sup>まことに恐入<sup>おそれい</sup>りますが、貴店<sup>きてん</sup>での在庫状況<sup>ざいこじょうきょう</sup>をお調<sup>しら</sup>べの上<sup>うえ</sup>、至急<sup>しきゅう</sup>ご連絡<sup>れんらく</sup>いただきますよう、よろしくお願<sup>ねが</sup>い申<sup>もう</sup>し上<sup>あ</sup>げます。

敬具<sup>けいぐ</sup>

---

**상품 재고 현황 조회**

삼가 아룁니다. 목하 더욱 번창하심을 경하드립니다. 매번 각별한 배려를 받자와 깊이 감사의 말씀을 드립니다.

그런데, 저희는 상품 NO21을 개량한 신제품 판매 전략 계획을 위해, 현재 각 대리점에 재고 현황을 확인하고 있습니다.

그러므로, 바쁘신 와중에 대단히 죄송합니다만, 귀 점의 재고 현황을 조사하신 후에, 속히 연락을 주시기를 부탁드립니다.

몇 자 아뢰었습니다.

## 7 독촉장(催促状)

---

### 注文品の未着について

急啓　貴社いよいよご繁栄のことと　お喜び申し上げます。
　　　ところで、7月15日付けで発注いたしました商品〇〇は納期を2週間過ぎておりますのに、未だ到着しておりません。このままですと、弊社の今後の予定に支障をきたす事態となります。貴社におかれましても、ご事情がおありとは存じますが、至急お調べの上、ご発送くださるようお願い申し上げます。

敬具

---

### 주문품의 미도착에 대해

서둘러 아룁니다. 귀사 더욱 번창하심을 경하드립니다.

그런데, 7월 15일 부로 발주한 상품 〇〇는 납기가 2주일이나 지났지만 아직 도착하지 않았습니다.

이대로라면 당사의 앞으로의 예정에 지장을 초래하는 사태가 발생합니다. 귀사도 사정이

있으리라 사료되옵니다만, 속히 조사를 하신 후 발송해 주시기를 부탁 말씀 드립니다.

몇 자 아뢰었습니다.

謹賀新年

旧年中はひとかたならぬご厚情にあずかり、
誠にありがたくお礼申し上げます。
今年も皆様のご期待に添うべく一層努力研鑽を重ねて参りたいと存じます。

よろしくご指導くださいますようお願いいたします。

2019年元旦

株式会社　ミレ工業　海外部　李西美(LEE SOU-MI)

---

근하신년

작년 한 해 동안에는 적지 않은 후의를 받자와 참으로 감사 인사드립니다.

올해도 여러분의 기대에 부응하기 위해 한층 노력하고 연구를 거듭할 생각입니다.

부디 잘 지도해 주시기를 부탁드립니다.

2019년 새해 첫날

주식회사 미래공업 해외부 이서미

## 저 자 약 력

❚ 김정미

동국대학교 일어일문학과 졸업
일본 同志社大学 文學部 文学研究科 석사 졸업
일본 同志社大学 文學部 文学研究科 박사 졸업
　　문학박사
일본 일한협회 출강
삼성 한화 LG증권 출강
현 세명대학교 국제언어문화학부 교수


〈저서〉
일본어 연구 (불이문화사)
일본어문형통달하기 (현학사)
만사형통비즈니스일본어 (김영사)
일본어문형완성하기 (제이앤씨)
일본어문형 체계와 연구 (제이앤씨)
현장에서 바로 통하는 비즈니스 일본어회화 중급 (넥서스)

## 실전 비즈니스 일본어 회화 중급

| | |
|---|---|
| **초 판 인 쇄** | 2018년 12월 11일 |
| **초 판 발 행** | 2018년 12월 17일 |

| | |
|---|---|
| **지 은 이** | 김정미 |
| **발 행 인** | 윤석현 |
| **발 행 처** | 제이앤씨 |
| **책 임 편 집** | 최인노 |
| **등 록 번 호** | 제7-220호 |

| | |
|---|---|
| **우 편 주 소** | 서울시 도봉구 우이천로 353 성주빌딩 3층 |
| **대 표 전 화** | 02) 992 / 3253 |
| **전　　　송** | 02) 991 / 1285 |
| **홈 페 이 지** | http://jncbms.co.kr |
| **전 자 우 편** | jncbook@hanmail.net |

ⓒ 김정미 2018 Printed in KOREA.

ISBN 979-11-5917-129-1　13730　　　　　　　　　정가 14,000원